FROM EDITOR-IN-CHIEF

PHOTOGRAPHS BY NAOKI TSURUTA

文／山崎二郎

ROOTS ISSUE～はじまりの季節に戻ろう

目に映るすべてが瑞々しく、前向きで楽観的な感覚に満ちている。
根拠なんかないけれど、「できる!」と思える自信を秘めていたい。
創刊32年目の初夏を迎えたバァフアウト!からの新たなアクションが、
今、手に取ってもらっている、1冊のスペシャル・エディション。
バァフの原点であるのが、ロング・ストーリー。
ゆえに1枚ずつページをめくる悦びを改めてじっくりと味わってもらえたら。
今回、登場してもらった表現者の方々にも、
物作りにおいての自分の原点～MY ROOTSを語ってもらった。

初夏。
何か新しいことを始めるには、もってこいの季節。
この1冊が新たなインスピレーションを得るきっかけになれば幸いである。

JO1

PHOTOGRAPHS BY NAOKI TSURUTA

(004-007、029page) ジャケット(88,000yen)、パンツ(52,800yen)、ロングスリーブTシャツ(22,000yen) / 以上、YUKI HASHIMOTO(Sakas PR　tel.03-6447-2762)　シューズ(74,800yen) / ADIEU(BOW INC　tel.070-9199-0913)
ベルト(14,300yen) / LAD MUSICIAN(LAD MUSICIAN SHINJUKU　tel.03-6457-7957)　ネックレス(39,600yen)、トップ付きネックレス(59,400yen) / 共に、SWAROVSKI JEWELRY(SWAROVSKI JAPAN　tel.0120-10-8700)
ゴールドネックレス(79,000yen)、ゴールドネックレス(47,600yen)、ピアス(43,400yen)、ゴールドブレスレット(91,000yen) / 以上、TOM WOOD(Tom Wood Store Aoyama　tel.03-6447-5528)
ビーズブレスレット(156,750yen) / le gramme(BOW INC　tel.070-9199-0913)　※すべて税込　**(028page)** ジャケット(127,600yen)、パンツ(97,900yen) / 共に、MARANT(ISABEL MARANT AOYAMA STORE　tel.03-6427-3443)　※共に税込

(004-005、029page) ジャケット(63,800yen)、パンツ(44,000yen) / 共に、HOMME PLISSÉ ISSEY MIYAKE(ISSEY MIYAKE INC.　tel.03-5454-1705)
ポロシャツ(61,600yen) / MSGM(aoi　tel.03-3239-0341)　シューズ(80,300yen) / ADIEU(BOW INC)　※すべて税込
(008-009、028page) ジャケット(132,000yen)、パンツ(52,800yen)、トップス(26,400yen)、ネックレス(41,800yen)、イヤーカフ(19,800yen)、リング(35,200yen) / 以上、JOHN LAWRENCE SULLIVAN(tel.03-5428-0068)
ベルト(29,700yen) / DIESEL(DIESEL JAPAN　tel.0120-551-978)　※すべて税込

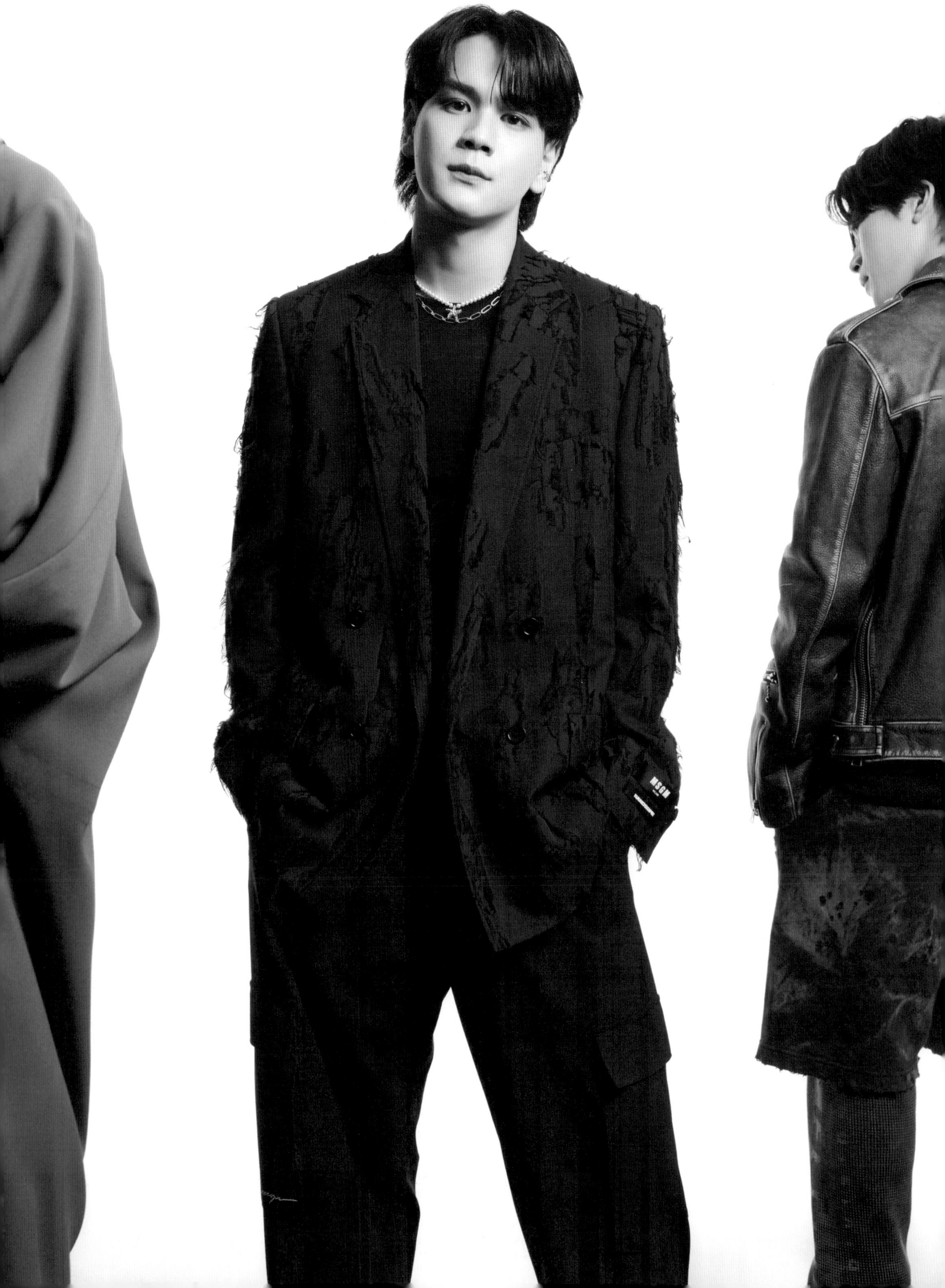
MSGM

ISSEI MAMEHARA

(004-005、029page) ジャケット(60,500yen)、パンツ(30,800yen) / 共に、HOMME PLISSÉ ISSEY MIYAKE (ISSEY MIYAKE INC.) シャツ(51,700yen) / MSGM(aoi)
ベルト(14,300yen) / LAD MUSICIAN(LAD MUSICIAN SHINJUKU) シューズ(79,200yen) / ADIEU(BOW INC) ※すべて税込
(010-011、028page) レイヤードのトップス〈1枚着用〉(30,800yen) / JOHN LAWRENCE SULLIVAN ジャケット(146,300yen 参考価格)、パンツ(104,500yen) / 共に、MSGM(aoi) ネックレス(参考商品) / SWAROVSKI JEWELRY(SWAROVSKI JAPAN)
ネックレス(46,100yen)、ブレスレット(267,100yen)、右手リング(553,700yen) / 以上、TOM WOOD(Tom Wood Store Aoyama) 左手リング(82,500yen) / le gramme (BOW INC) ※すべて税込

(004-05、012-013、029page) ジャケット(63,800yen)、パンツ(40,700yen) / 共に、N.HOOLYWOOD COMPILE(Mister hollywood　tel.03-5414-5071)
シャツ(38,500yen) / LAD MUSICIAN(LAD MUSICIAN SHINJUKU)　シューズ(38,500yen) / General Scale(Maison MIHARA YASUHIRO TOKYO　tel.03-5770-3291)
ネックレス(201,400yen)、ブレスレット(35,400yen) / 共に、TOM WOOD(Tom Wood Store Aoyama)　※すべて税込
(028page) シャツ(36,300yen) / DIESEL(DIESEL JAPAN)　インナートップス(17,600yen) / JOHN LAWRENCE SULLIVAN　※共に税込

(004-005、029page) ジャケット(38,500yen)、パンツ(29,700yen) / 共に、ATTACHMENT(Sakas PR)
ノースリーブトップス(19,800yen) / HOMME PLISSÉ ISSEY MIYAKE(ISSEY MIYAKE INC.)　ブーツ(132,000yen) / JOHN LAWRENCE SULLIVAN　※すべて税込
(014-015、028page) トップス(30,800yen)、パンツ(46,200yen)、ベルト(24,200yen) / 以上、JOHN LAWRENCE SULLIVAN
ネックレス(79,200yen)、ピアス(33,000yen) / 共に、SWAROVSKI JEWELRY(SWAROVSKI JAPAN)　イヤーカフ(64,000yen) / TOM WOOD(Tom Wood Store Aoyama)　※すべて税込

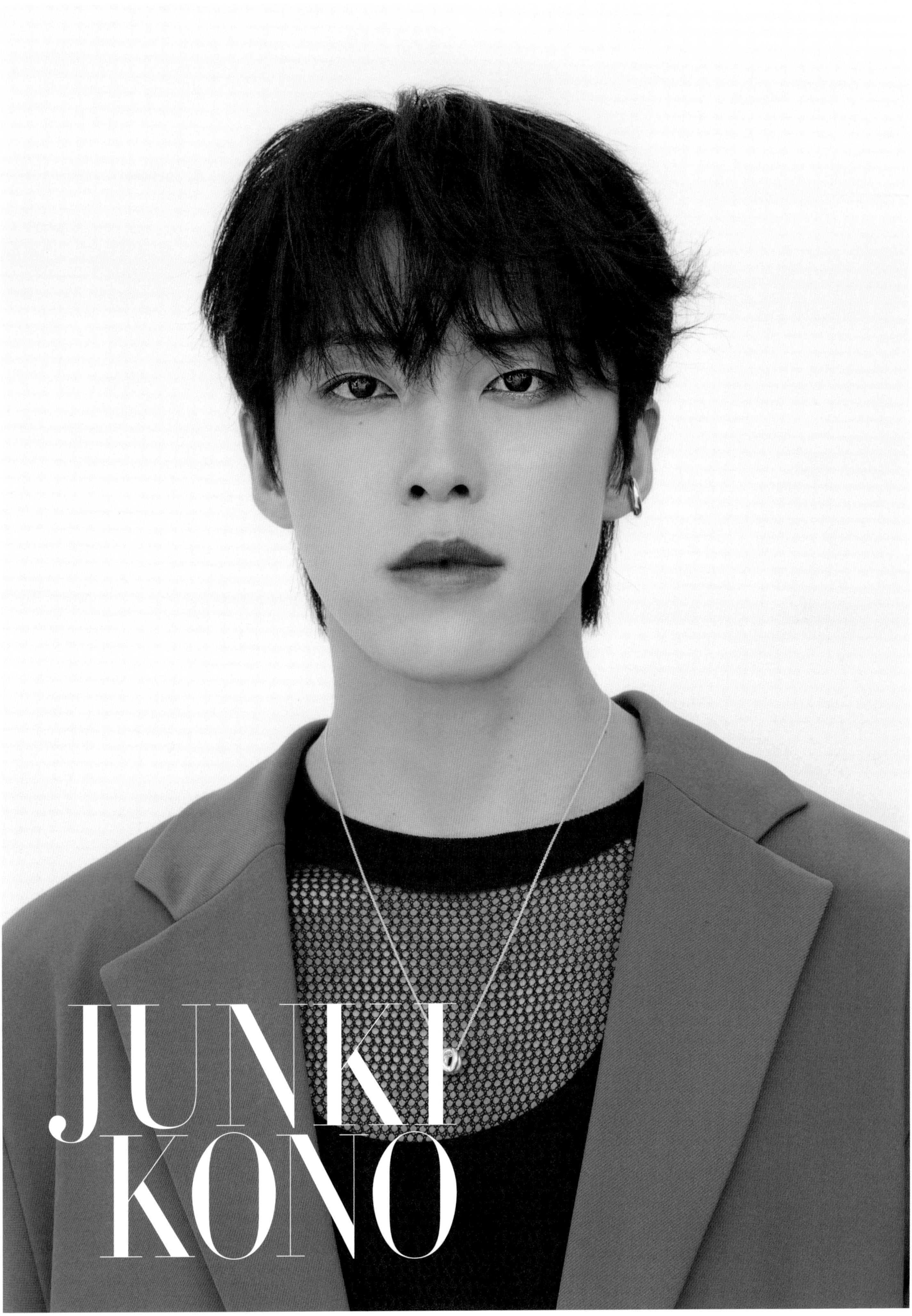

(004-005、029page) ジャケット(83,600yen)、パンツ(50,600yen) / 共に、HOMME PLISSÉ ISSEY MIYAKE(ISSEY MIYAKE INC.)
シャツ(23,100yen) / LAD MUSICIAN(LAD MUSICIAN SHINJUKU) ローファーシューズ(86,900yen) / ADIEU(BOW INC) ※すべて税込
(016-017、028page) ニットベスト(22,000yen) / LAD MUSICIAN(LAD MUSICIAN SHINJUKU) コート(94,600yen) 、パンツ(40,700yen) / 共に、N.HOOLYWOOD COMPILE(Mister hollywood)
ネックレス(41,250yen) / le gramme(BOW INC) イヤーカフ(23,800yen)、リング(41,700yen) / 共に、TOM WOOD(Tom Wood Store Aoyama) ※すべて税込

(**004-005、029page**)ジャケット(60,500yen)、パンツ(参考商品) / 共に、HOMME PLISSÉ ISSEY MIYAKE (ISSEY MIYAKE INC.)
レースシャツ(52,800yen) / JOHN LAWRENCE SULLIVAN　シューズ(75,900yen) / ADIEU(BOW INC)　※すべて税込
(**018-019、028page**)ジャケット(82,500yen) / ETHOSENS(tel.03-6809-0470)　トップス(22,000yen) / JOHN LAWRENCE SULLIVAN
首上から順にパールチェーンネックレス(39,600yen)、トップパールネックレス(30,800yen)、ロングパールネックレス(30,800yen)、パールブレスレット(24,200yen) / 以上、MIKSHIMAI(SHOWROOM CHRMR　tel.03-6384-5182)　※すべて税込

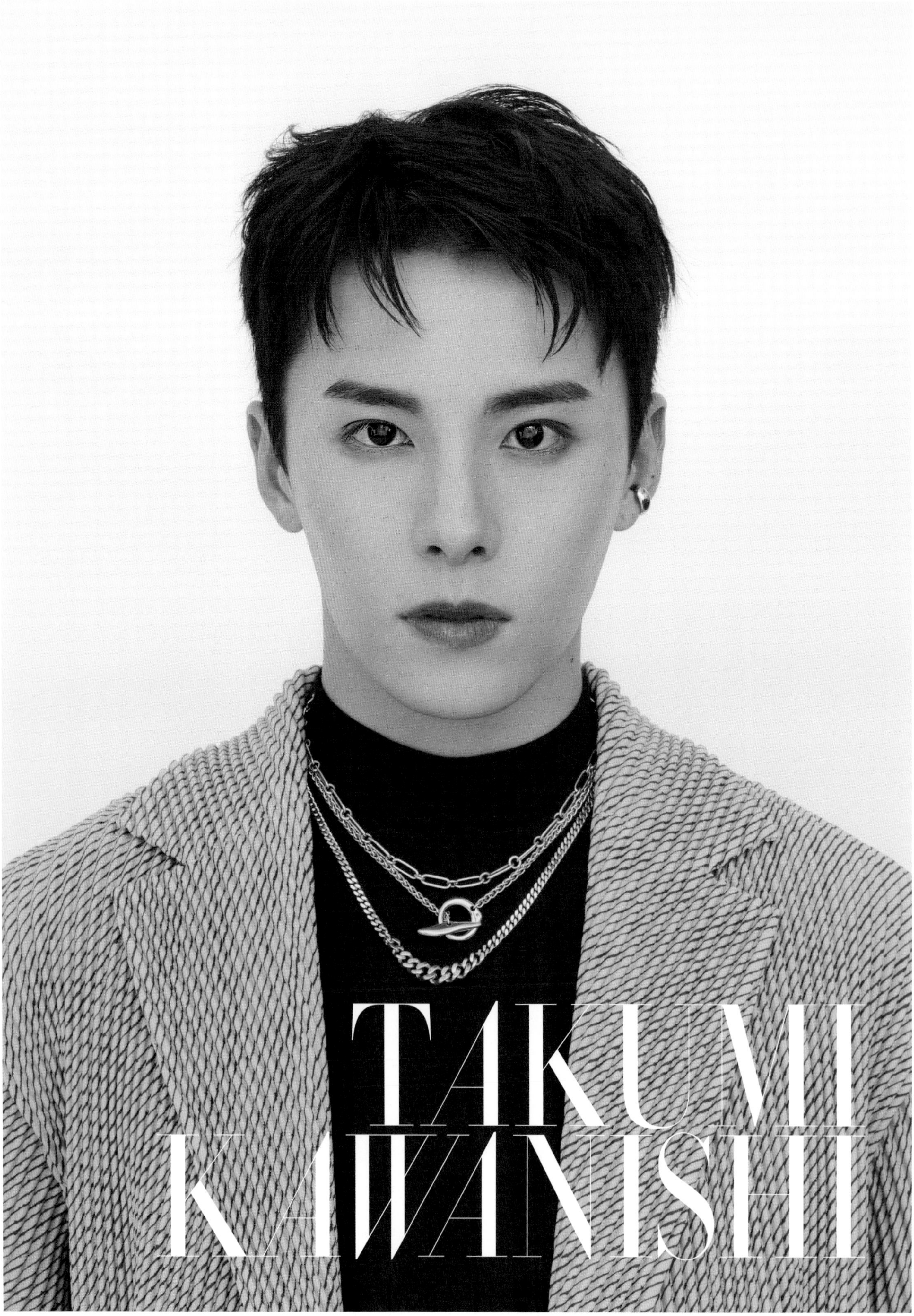

(004-005、020-021、029page) ジャケット(88,000yen)、パンツ(52,800yen) / 共に、HOMME PLISSÉ ISSEY MIYAKE(ISSEY MIYAKE INC.)
トップス(12,100yen) / LAD MUSICIAN(LAD MUSICIAN SHINJUKU)　ブーツ(165,000yen) / JOHN LAWRENCE SULLIVAN
シルバー×ゴールドネックレス(106,800yen)、ロビンチェーンネックレス(86,700yen)、ネックレス(46,100yen)、イヤーカフ(20,800yen) / 以上、TOM WOOD(Tom Wood Store Aoyama)　※すべて税込
(028page) シャツ(63,800yen) / Maison MIHARA YASUHIRO(Maison MIHARA YASUHIRO TOKYO)　タンクトップ(20,900yen) / YUKI HASHIMOTO(Sakas PR)　※共に税込

(004-005、022-023、029page) ジャケット(72,600yen)、シャツ(23,100yen)、エプロン(35,200yen)、パンツ(37,400yen) / 以上、LAD MUSICIAN(LAD MUSICIAN SHINJUKU)
シューズ(69,300yen) / ADIEU(BOW INC)　ピアス(38,700yen)※左耳のみ使用 / TOM WOOD(Tom Wood Store Aoyama)　ネックレス(29,700yen) / le gramme (BOW INC)　※すべて税込
(028page) ジャケット(93,500yen)、ニット(58,300yen)、パンツ(93,500yen) / 以上、Maison MIHARA YASUHIRO(Maison MIHARA YASUHIRO TOKYO)　※すべて税込

(004-005、029page) ジャケット（46,200yen）、パンツ（22,000yen） / 共に、LAD MUSICIAN（LAD MUSICIAN SHINJUKU）　シャツ（49,500yen） / ETHOSENS　ブーツ（79,200yen） / ADIEU（BOW INC）　※すべて税込
(024-025、028page) タンクトップ（12,100yen） / N.HOOLYWOOD UNDER SUMMIT WEAR（Mister hollywood）　ライダースジャケット（242,000yen） / JOHN LAWRENCE SULLIVAN
ショートパンツ（69,300yen）、インナーパンツ（42,900yen） / 共に、DIESEL（DIESEL JAPAN）　ネックレス（54,780yen） / MIKSHIMAI（SHOWROOM CHRMR）　※すべて税込

(004-005、026-027、029page) ジャケット(64,900yen)、パンツ(33,000yen)、シャツ(36,300yen) / 以上、LAD MUSICIAN(LAD MUSICIAN SHINJUKU)
ベルト(37,400yen)、ネックレス(41,800yen)、リング(41,800yen)、ブーツ(132,000yen) / 以上、JOHN LAWRENCE SULLIVAN　※すべて税込
(028page) ノースリーブトップス(20,900yen)、パンツ(63,800yen) / 共に、JOHN LAWRENCE SULLIVAN　※共に税込

JO1

撮影／鶴田直樹　スタイリング／TAKAO　ヘア&メイクアップ／西尾さゆり、佐々木美香、河本 茜、島田聖香、柿原由佳、田村裕子、藤原 萌
クリエイティヴ・ディレクション & リード／岡田麻美　文／山崎二郎、多田メラニー、上野綾子、白土華乃子

初のスペシャル・エディションを刊行するにあたり、今のＪＯ１に表紙を飾ってもらうことほど頼もしい巡り会いはない。アジア・ツアーを成功させた彼らは貫禄のある佇まいでありながら、茶目っ気のある溌剌とした姿、ハッとするような色っぽい顔で視線を攫い、どこから見ても惹き付けられてしまう。取材でも本人たちから迸る向上心やエネルギー、物作りに対する高い意欲を感じたが、昨年発売した３ｒｄアルバム『EQUINOX』にもそれは表れていた。「境界を超えて突き進んでいく」と掲げた作品で、彼らは新たなチャプターへと舵を切ったところ。まだ見ぬ景色を求めて前進する挑戦者こそ、最大にフィーチュアするべきだと思う。

ＪＯ１は、８ｔｈシングル『HITCHHIKER』をリリースする。厳しい現実の中で愛を探す旅路自体が〝青春のロマン〟だと示した本作で、タイトル曲の「Love seeker」はそれをファンキーなビートに乗せて歌い、「Test Drive」は夢に進む様をアクセル全開でパワフルに叫ぶ。「Lemon Candy」はジョン・ヨンファ（CNBLUE）が作曲し、河野純喜が作詞に参加。ＪＯ１らしくＪ-ＰＯＰとＫ-ＰＯＰを融合させた曲だ。他、ユニット曲の「Sugar」と「Lied to you」、洗練されたヴォーカルの「Aqua」と、ライヴ感が強く、結成４周年を迎えた絆を感じる表現が心地良い。お互いの特徴を熟知するからこそ可能な、セルフ・プロデュースに積極的なことも、新境地を切り開いていく鍵となるだろう。そして私たちを輝かしい世界へ連れていってくれるはずだ。

『HITCHHIKER』
発売中
〈LAPONE Entertainment〉
※メンバー自らがライヴをプロデュースするJO1の地上波冠番組『PRODUCE JO1 LOVE OF LIVE』が5月25日、6月1日に〈テレビ朝日〉にて放送

SHOSEI OHIRA & KEIGO SATO & SHO YONASHIRO

大平祥生 & 佐藤景瑚 & 與那城 奨

バァフ 3rdアルバム『EQUINOX』は様々なジャンルの要素が混在していましたが、そこで手玉を出し切るのではなく、最新シングル『HITCHHIKER』ではまた新しい一面を見せていただきました。

大平 新しい楽曲、未経験のものに挑戦したい意欲は作品をリリースする度に増しているので、JO1がこれまで通ってこなかったようなジャンルを歌う面白さを感じてもらえると思います。『EQUINOX』に続いてユニット曲も収録していますが、系統も前回とは全然違いますし。

與那城 ユニットは曲調に合う声、雰囲気に合うメンバーでチーム分けしていただいたのですが、例えば僕と景瑚が参加した「Lied to you」は洋楽のような雰囲気の曲なので、日本語詞の部分も英語を歌うイメージでレコーディングしました。

大平 元々のデモが英語だったので、その雰囲気を崩さずに歌うのが大変でしたね。

佐藤 大平さん、この曲歌っていましたっけ？（笑）。

大平 いえ「Lied to you」を歌う気持ちになってみました（笑）。僕は「Sugar」担当です。

與那城 歌っていないのにすごいな（笑）。

佐藤 「Lied to you」は失恋曲なので、僕は自分が失恋した想像をしながら悲しみを込めて歌いました。特に〈Oh I'm so crazy〉の部分は本当に泣いているかのような声で。ただ、このパートは気持ちが入らないと歌えないので、ライヴの時は毎回、道行く人に告白して振ってもらってから会場に行こうかなと考えています。

與那城 振られまくり（笑）。個人パートで言うと僕は、〈幸せを願うだけのいい人にはなれなかったよ〉が一番好き。メロと相まって切なさが伝わるし、ストーリー性がある歌詞をゆっくり想像しながら歌うのも新鮮でした。

大平 速い曲だとピッチに合わせるので精一杯になるからね。ちなみに僕は、「Test Drive」の〈Throwing my heart 掴め歓喜を〜〉のラップのパートが本当に大変でした。めちゃくちゃ頑張って格好付けています。

與那城 「Sugar」ではないの？

大平 そっちはメインでラップをさせてもらっているんですけど、まぁ僕のことはいいですよ（照）。「Sugar」はイントロが口笛から始まるのも印象的だし、軽やかで大人の余裕を感じます。沁みる系の「Lied to you」とは対極にある曲で、ライヴで盛り上がると思います。

與那城 「Love seeker」も耳に残る覚えやすい楽曲で、ライヴでも楽しんでもらえそうだよね。〈Luv Luv〜〉の振り付けも可愛い。この曲のMVは海外のダイナーみたいな場所で撮影したんですけど、JO1史上初くらいの大人数の外国人エキストラさんに参加していただいて。

大平 僕は、現場に韓国在住のロシア人のエキストラさんがいたので、韓国語でコミュニケーションを取らせていただきました。奨くんも英語で会話していたよね。

與那城 お名前や職業を質問したり、留学生になった気分でした。MVの規模もそうですが、楽曲にしても色々なことに挑戦させていただいている中で——他のボーイズ・グループが経験したことのない部分を開拓したいし、きっと僕らならできるだろうなと改めて感じました。

佐藤 メンバーみんなが「絶対に世界に行くぞ」という気持ちを常に持っているし、自信に満ちている。そこは僕らの強みですね。

バァフ 確かに、グループ全体が纏うポジティヴィティも皆さんの高いパフォーマンス力に繋がっていると感じます。「Test Drive」のような応援ソングはまさに最適解で。それにしても、特に御三方はポジティヴ度合いが高いですよね。このインタヴューが始まった瞬間から原稿に書ききれないほどの楽しいボケ&ツッコミの応酬が展開されていて（笑）、ポジティヴな人って物事を見逃さないなぁと。

大平 （自分と佐藤を指差し）強ポジティヴ、（與那城を指差し）強強ポジティヴな3人ですから。

佐藤 ネガティヴで良いことなんて1つもないですよ。「努力は報われない」という言葉があるけど、あれって半分は合っていて。自分が全然できないことを努力で無理やり伸ばそうとするよりも、できることで上を目指す方が良いし、気持ち的にも楽しいはず。僕だったら大好きなダンスや歌を「強み」と言い切れるまで磨くべきで。刺激を受けるのも大事です。単純な日常からボケは生まれないので、色々な経験から物事を見る目や感覚を養っていけたらと思っています。

大平 刺激は分かる。相手のすごいところを見ると、自分の中の限界も少し広がるんです。それが面白いから、僕も刺激を求めてライヴを観に行ったり、人と会うようにしています。

バァフ メンバーを近くで見ていて、それこそ刺激を得てパフォーマンスが変わったなだとか、お互いの変化みたいなところは細かく感じるものですか？

與那城 え〜？　分からないです。

大平 リーダーなのに!?（笑）。

佐藤 ひどいね、副リーダーに降格だ！

與那城 （笑）でもやっぱり、みんな大人になってきてはいるんですかね。デビュー当時はライヴのMCも全然喋ることができなかったけど、今ではクオリティが上がっていますし、バラエティや映画、ドラマと個々の仕事が増えてきた中で、祥生が言ったように、自分の限界幅も広がっていて。失敗もするけど、そこから得た経験はしっかりと次に活かされている。成長した結果がどのような形になっていけるかはまだ分からないですが、オーディション番組でファンの方たちに選んでいただいた11人だからこそ、ファンの方たちに喜んでいただけるパフォーマンス、ライヴ作りは一番に考えたいです。

大平 デビューから4年経つと、ある程度色々な経験をさせていただくので、さらに面白いことをするには何が必要なのかを考えていかなければならなくて。ファンの皆さんを飽きさせることなく、どのように新しいものを提案して、感動を届けられるか。それが目下の課題です。

佐藤 もう5年目かぁ。個々の仕事が増えてもJO1は安心して帰ることができるホームだし、僕は何があっても11人でいることを大事にします。この11人で世界に行きたいんです。

MY ROOTS

與那城 高校時代のバンド活動が原体験というか、音楽や歌うことの楽しさを知りました。それからは、出身地である沖縄を出て東京で芸能の仕事を目指そうと必死で。何者になれるのかもまだ分からない、だけど熱だけは持っていたあの頃の感覚は一生覚えていたいです。

大平 中学生の時、姉が好きだった三代目J SOUL BROTHERSさんのライヴDVDを観たのがきっかけでダンスを始めたので、エンタメ、物作りの出発点はそこかもしれません。母にも色々なライヴに連れて行ってもらったのですが、すごく楽しかったし憧れの場所になって。「好き」が「目標」へと変わった瞬間でした。

佐藤 シンプルに「モテたい」という理由でダンスを習い始めましたが（笑）、考えてみたらそれまで何かを自分の手で生み出した記憶があまりないので、ダンスは自分から出てくるものを表現できる楽しさを唯一感じられたように思います。僕の父は自営業をしているのですが、後を継ぐのに抵抗があって。むしろ自分自身で何かを成し遂げて父を越えたい気持ちが強かったので、今でもその精神が根底にあります。

SYOYA KIMATA & JUNKI KONO & ISSEI MAMEHARA

木全翔也 & 河野純喜 & 豆原一成

バァフ 『HITCHHIKER』は前作のアルバム『EQUINOX』に続き、新たな始まりを示す作品になると思います。今作のテーマについてどのように感じましたか？

河野 〝愛を求めて〟というテーマは、僕たちにも大事なことなんじゃないかなと思っていて。世の中にはたくさんのアーティストがいるからこそ、僕たちとファンの皆さんとの関係、スタッフさんとの関係もそうですし、愛し合うことの大切さはいつも感じています。僕たちも愛されたいし、皆さんを愛したい。愛を広げるという部分は、個人的に今回のテーマの中で大好きなところですね。

豆原 テンポの良いファンクな曲が多くて、皆さんのことを元気にできる楽曲が揃っていると思います。「Love seeker」をはじめ、どの曲も誰かの力になるような歌詞で、自分の中ではそこが気に入っていますね。

木全 僕は今作が、人生を旅に例えているように感じました。人生ってフェーズが変わるタイミングがあるじゃないですか。学年が上がる時や、転職する時、新しい趣味を始める時とか。そういう時に、愛や夢を追い求めるだけの情熱があるのか？ということを試されているように思うんです。それを体現した楽曲や、過去の後悔を歌った楽曲もあるので……〝人生の旅日記〟のようなシングルになっていると思います。

バァフ 〝青春のロマン〟も本作のテーマですが、青春と聞いて思い出すのはどんなことですか？

豆原 地元の友達かな。たまに会うと一瞬で学生時代の気分に戻って牛丼屋に行ったり、ついつい長話してしまいます（笑）。

バァフ タイトル曲「Love seeker」は背中を押してくれるポジティヴな楽曲ですが、最初に聴いた時はどのような印象を持ちましたか？

木全 ファンクなギターが最高ですよね。ノリノリで盛り上がる。

河野 ＪＯ１の強みの1つはライヴだと思っているのですが、そのライヴでより映える曲を増やしたいという想いから「Love seeker」がタイトル曲になりました。「Love seeker」も「Test Drive」も、今回のシングルの曲すべて盛り上がると思うので、とにかく早く披露したいです。

豆原 いろんな楽曲を発表してきましたけど、またこれまでのＪＯ１にはなかったテイストの曲ですよね。制作チームも、音楽シーンの流行りはもちろん、ＪＯ１のカラーや打ち出すタイミングなど、色々なことを考えて曲を作ってくださっていると思うんです。今回ファンク・ミュージックでシングルをリリースするということは、良い意味で僕らの殻を破り、挑戦的なものになると思います。

バァフ ユニット曲「Sugar」と「Lied to you」は、「Love seeker」や「Test Drive」とは打って変わって切ない印象です。歌詞で共感した部分や、見てほしい点を教えてください。

豆原 僕の参加した「Sugar」は、相手を求める気持ちを色っぽく表現した曲だと解釈しました。そういうフレーズもたくさん散りばめられていて、〈感情のまま（Just show yourself）〉というところは素敵な歌詞だなと感じます。

河野 「Sugar」は（３ｒｄアルバム『EQUINOX』のユニット曲である）「Mad In Love」とも違う意味でパフォーマンスが重要な曲だと思うので、また新しい一面を見せられたらと思っています。ＪＯ１のパフォーマンス・リーダーは蓮くんですが、その座を危うくさせるくらい、僕のパフォーマンスでみなさんを魅了したいです。

木全 僕は「Lied to you」に参加したのですが、つい踊りたくなるようなサウンドがオシャレな1曲です。〝溢れ出す思いに嘘はつけないよ〟ということを歌った歌詞にはとても共感しました。自分の気持ちを偽って無理するのって大変じゃないですか？　好きなものを好きと言って、好きなことをやるんだと、ちゃんと伝わるように表現したいですね。

バァフ 今回のＭＶはどのような雰囲気に仕上がりましたか？

河野 世の中に〝幸せ〟や〝Love〟をぶちまけられるＭＶになっています。「Test Drive」は〈阪神タイガース〉さんの「２０２４年ビクトリーディスコソング」になっているのですが、今回のコレオは野球のようなポーズを取り入れたり、ちょっと演技チックな部分があって。言葉で表現するなら、ポジティヴでハピネス、ハートフルというような単語がピッタリな作品に仕上がったんじゃないかなと思います。

バァフ 今作のテーマである〝愛〟にちなんで、理想の愛の形を教えてください。

河野 愛の形……自然体じゃないですか。

木全 なんかカッコ付けてる（笑）。僕は、無条件に取り組める情熱を持つことかな。

河野 あと、人生で出会う人は自分の人生をより豊かにしてくれる仲間だと聞いたことがあって。そういう人なら愛さないともったいないというか、仮にその人から嫌われていたとしても自分だけは愛したいなと思いますね。

バァフ インタヴュー中もチェキでお互いを撮り合う姿が印象的で、本当に皆さん仲が良いのが窺えます。3月でデビュー4周年を迎えましたが、5年目の意気込みはいかがですか？

豆原 今まではファンの皆さんに引っ張ってもらっていた感じがどうしてもありました。でも、5年目からは「僕たちについてこい！」と言えるくらいに引っ張っていきたいです。心配せず、僕らについてくればより良い景色を見せてあげるから！という心意気でいたいですね。

河野 最近のＪＯ１は、昨年よりも日を追うごとにパワーアップしている感覚です。よりポジティヴにアクティヴに活動ができているんじゃないかなと個人的には思うので、でも初心は忘れず、この調子でライヴや海外での活動を発信できたらと思います。

木全 5年目も魅せてやります！

MY ROOTS

河野 初めての物作りは、幼稚園の頃の泥団子作り（笑）。変かもしれないですが、僕の中ではそれがすごく記憶に残っています。よく、才能があるから物を作れると言う人がいるけど、僕はそう思わなくて。一生懸命に作って努力すれば良いものができると信じています。また物作りとは違いますが、音楽活動の根底にある軸は何か自分の心を表すものだと思うので、自分の作品や歌に涙したり、心を動かしたいです。

木全 僕の原点は料理です。母が料理好きで、好き嫌いなく育ったんですよ。僕自身、作る時は誰にも食べさせる訳でもないのにこだわったりしますね。物作りは回数をこなして最後までこだわることが大事だなと思います。で、得意な料理はワカメスープ。簡単かな？（笑）。

豆原 僕も純喜くんと近い答えですが、子供の頃の粘土での物作りを思い出します（笑）。物作りに限界はないと思うので、後悔のないように作り込みたいなと。身体作りもそうですけど、1回できなかったからと諦めるんじゃなくて何事も気合いがないとできないと思います。

REN KAWASHIRI & RUKI SHIROIWA & SHION TSURUBO

川尻 蓮 & 白岩瑠姫 & 鶴房汐恩

バァフ アルバム『EQUINOX』で川尻さんへのご取材後、次作はどのようなものなのだろう？と楽しみにしていました！

川尻 『HITCHHIKER』は、これまでの曲に比べて僕らの素に近い表現のできる曲たちだと思います。『EQUINOX』の表題曲「Venus」は特に、役に入ってカッコ付けるところがありましたが、今回はよりリアルさ、生っぽさを活かせるものになっていると思います。

バァフ 今作は愛について色々な角度から描いている1作だという印象がありました。みなさんにとっての愛というと、どのようなものが浮かびますか？

白岩 見返りを求めないもの。〝無償の愛〟って言うじゃないですか。例えば、「自分はこれだけのことをしたのに」と相手に見返りを求めてしまうのはまだ愛ではないと思うんです。自分が相手のためになることをひたすらしてあげたいと思えることが愛なのではないでしょうか？

川尻 花が好きな人は摘んで家に飾るけど、花を愛している人は水をあげるって言うよね。

白岩 そうそう、対象は人に限らず。で、横にいる汐恩はこの間に良い答えを考えているのかな？

鶴房 愛は死ぬ時、最後に見たいものですかね。僕はゾンビ映画が好きなんですけど――ゾンビに噛まれた人が、「俺はもう長くない。ここは時間を稼ぐからお前らは行け！」みたいな。ボロボロになる中で最後に別れを告げる感じ、カッコ良いなと思うんですよ。それで死ぬのは究極の愛じゃないですか？

バァフ それは、鶴房さんがそう在りたいという……？

鶴房 いや、僕はソッコーで逃げます（笑）。

白岩 聞かれたことと違う答えになっているじゃん！ もういいです、次の質問をください（笑）。

バァフ （笑）タイトル曲「Love seeker」は愛を探すというメッセージが込められていますが、初めて曲を聴いた時は、どのようなことを感じましたか？

鶴房 〝愛〟をひたすら伝えたいのだと思いました。何度も〝愛〟の言葉が出てきますから。個人的には、普段からずっと聴いているので、「よっしゃあ、ＪＯ1の曲を聴くぞ！」とはならないんですが、「Love seeker」は時間が経っても聴き返す曲になる気がします。

白岩 僕たちは、制作する曲を初めて聴く時、リモートなどでデモを一斉に聴くことが多いのですが、『HITCHHIKER』の時は別件があって参加できなくて。僕が「Love seeker」を初めて聴いたのはパート割りがすでにできている時だったんですよね。第一印象としてはファンクなテイストを新鮮に感じました。これまでのＪＯ1の楽曲は、音像がキラッとしていると言いますか、キレイめなイメージがあって。曲で例えると「Shine A Light」（1ｓｔアルバム『The STAR』リード曲）は僕の中ではＪＯ1らしい楽曲なんです。「Venus」も近いのですが、今回の曲からＪＯ1の打ち出す曲の雰囲気がガラッと変わったと感じています。「Love seeker」と「Test Drive」は、新たなＪＯ1像を見せようとしているのかなと感じました。

川尻 僕は、パートについて言うとデモが来た段階で「ここはこのメンバーが歌うだろうな」と想像がつきやすくなってきました。メンバーそれぞれにちゃんと色がついてきたということでもあるなと感じています。デビュー・シングルの時は実力もまだまだでしたが、最近はそれぞれの歌声も、聴いていて違いがはっきり出ていて面白いんですよね。実際、デモで「絶対このパートは汐恩やな」と感じたところは汐恩でした。

白岩 〈Come on〉は汐恩にしか歌えないよね。

鶴房 （嬉しそうに）〈Come on〉ね、うんうん。

バァフ ダンスも楽しみですが、「Love seeker」の振りはどのようなものに？

川尻 可愛らしくて、一部サラッと見ていても目に留まるような、「お、なんだ？」と引っかかってもらえる感じに仕上がっています。

鶴房 振り、難しくないですか？ 僕は今回、トップ・レヴェルに難しかった。全体で見た時に。構成もそうだけど、移動が多いのかな。

白岩 移動が多いのは分かるなぁ。構成は確かに難易度が高いかもしれない。個人的には「Freedom」以来の苦戦でした。

バァフ （その後もダンス談議がワイワイと続き）今この数分だけでも、みなさんの絆の深さを感じます。普段はこれ以上に速い会話が飛び交っているのだろうなと……。3月でデビュー4周年を迎えられたみなさんですが、今それぞれどのようなグループだと感じていますか？

鶴房 言葉にするのが難しいですが、ＪＯ1として活動していて、メンバーと一緒にいて「こいつらは何かやってくれそう」というワクワクするものをいつも感じています。あとは共にする時間が増えた分、安心感がすごくあります。

川尻 一言で表すと、マジで変なやつの集まり。知れば知るほど、一緒にいればいるほど、みんな本当に変な人なんですよ。それが面白いし、それこそ「普通じゃない！」と思うから、「何かがある」と感じられるのかも。だからこそオーディションの時に（投票してくれた視聴者の）みなさんに見つけてもらえたのだとも思うので、それぞれが感じているであろう個性は、この先ずっと持ち続けていたいなと思います。汐恩がソロ撮影に行ってしまったので、目の前にいる瑠姫のことを話しますが、彼は人を笑わせるために誰も気付かないようなことを仕掛けてきたり。それがめっちゃ面白いんです。

白岩 小さい時から自分が何かをして、周りが盛り上がってくれるのが嬉しくて。最近はイメージ管理のため、イタズラしない時が多くなっていますが……（笑）。確かにメンバーそれぞれ良い意味で変なところがたくさんあるんです。一緒に生活していて感じますもん。もし11人が同じクラスだったとしたら「こんなカオスなクラスある⁉」と思う気がする。オーディションで選ばれた、自分たちで組んだグループじゃないからこそ、良かった面もあるなと思うんです。出会って間もない頃は、個性がぶつかり合う時期もありましたが、今は成長して、変なところは残したままにまとまってきていると思います。

MY ROOTS

川尻 初めて何かを作った記憶を辿ると、料理かなと思います。小学生の時に、材料とレシピが届くサーヴィスを利用して、夜ご飯を作ったことがあるんです。親が仕事から帰った時にご飯がある状態を喜んでもらいたかったし、「美味しい」と言ってもらえるのも嬉しくて。誰かのために何かを届ける経験の原点だと思います。

白岩 物作りとは少しズレますが、友達作り。サッカーや鬼ごっこって人数がいるじゃないですか。幼稚園くらいから友達作りは最初が肝心だ！と思って積極的に動いていましたね。

鶴房 僕の物作りの最初の記憶は絵を描くこと。そこで物作りの楽しさに気付き、今でも鉛筆1本で描いています。描くものは決まって変な生き物。無機物に対して、「コイツが生きていたとしたらどこに目があるかな？」など、想像を膨らませて描いています。

TAKUMI KAWANISHI & SUKAI KINJO

川西拓実 & 金城碧海

バァフ 最初に『HITCHHIKER』を聴いた時、どんな印象を受けましたか？

金城 めちゃくちゃパンクだと感じました。でも今の時代に合った感じがして、聴いている人のテンションが沸々と上がる曲だと思います。

川西 僕はライヴで盛り上がりそうな楽曲だと感じていて。JO1の魅力の1つであるライヴで披露するのがすごく楽しみです。

バァフ 今回の振り付けも難しそうです。

金城 僕たちは大丈夫です！（笑）。

川西 いろんなことをこなしてきましたから。

バァフ （笑）さすがです。

川西 「Love seeker」のサビの部分には皆さんにも踊っていただきたい振り付けがあり、真似しやすくなっていると思います。

バァフ ライヴで踊れて、みんなで盛り上がる曲ですよね。歌詞で印象に残っている部分はありますか？

金城 「Test Drive」だと、〈目指せ Celebrate 感情はホームラン〉という僕のパートがあるのですが、ここは本当にプロ野球選手の人生観が詰まっているのではと思いました。

バァフ 金城さんは部活でサッカーをしていたんですよね？

金城 はい。でも、父が野球をやっていて、祖父が野球のコーチでした。

川西 えー!?　そうなの？

バァフ 初耳情報ですか？

川西 はい（笑）。

バァフ （笑）ちなみにサッカーではどこのポジションでしたか？

金城 フォワードかミッドフィルダーで、僕は攻めが得意だったんですよね。その時に培った突き進む力は今に活きていると思います。

バァフ 川西さんが印象に残った歌詞は？

川西 タイトル曲の「Love seeker」は〈Luv〉という単語が山のように出てくるので、ぜひ何個あるか数えてほしいです（笑）。

バァフ 「Love seeker」にちなんで……今、愛を探していますか？

金城 ずっと探しています。ファンの方たちは僕にとってすごく大切で、そんな存在に出会えただけで、今でも充分幸せです。JO1を育ててくれていることにも感謝でいっぱいです。だけど不思議なことに、現状に満足できず、さらに求めてしまっていますね。

川西 僕は趣味を探しています（笑）。好きなことはいっぱいありますが、それが趣味かと聞かれると、そこまでのものが今はないので。

バァフ 「Test Drive」は〈阪神タイガース〉のヴィクトリー・ソングですね。

川西 僕は元高校球児なので、野球に携われたり、一緒にプロ野球を盛り上げることができるのは、経験していた身からすると本当に光栄です。全力でパフォーマンスしたいですし、応援します！

金城 僕はそんなに野球に詳しくはないですが、好きな球団を聞かれたら〈阪神タイガース〉と答えています。

川西 しかも（金城の出身地である）大阪やし。

金城 そう。今回のお話をいただいた時に、率直に嬉しく思いました。拓実くんやまめ（豆原一成）など、野球好きなメンバーが「えぇ！すごい！」と言っている姿を見て、より自分も喜びを実感しましたよ。JO1として大きく活動していきたいという想いがさらに強くなりました。

バァフ しかも勝った後に流れるんですよね。「勝利」＝「Test Drive」という。

金城 だから本当に毎回応援しています。「勝ってください！」って。

一同 （笑）。

バァフ 川西さんのユニット曲は「Lied to you」ですが、どんな印象を受けましたか？

川西 最初にデモを聴いた時に全編英詞だったこともあり、洋楽っぽさを感じました。当初、メンバーと「英語の歌詞のままの方が良いんじゃない？」とも話していたのですが、歌詞やメロディ・ラインで曲の雰囲気が変わってきて、最終的には日本語の歌詞になり大正解だったと感じています。個人的に「Lied to you」のメロディが好きで。悲しくもあり、楽しくもある楽曲なので、どんな時でも聴けると思いました。

バァフ 悲しい感情表現は好きですか？

川西 好きです。浸れます（笑）。悲しい時に、落ちるとこまで落ちたらもう何も考えなくていいので。そこからはもう上がるしかない。

バァフ 金城さんのユニット曲「Sugar」の印象は？

金城 「Sugar」に関しては、レコーディングを思い出します。レコーディングは自分との勝負なので、上手くいかないとどうしても気持ちが落ちてしまうんです。というのも、これまではアドヴァイスをいただいても、実力的に要求に応えられないこともあり、落ち込むことが多くて。でも、この曲は楽しくレコーディングができました。すごく楽しかったです。

バァフ その理由は何だと思いますか？

金城 え！なんやろ……。僕は今年の抱負が「毎日ハッピーで楽しく」なんですよ。自分が今生きていることが幸せだと気付いてから、大変なことがあってもポジティヴに捉えられるようになりました。そのおかげなのか、自分たちが創り上げるエンターテインメントもどんどん前向きな印象になっていると思うし、届けるものすべてが明るくなってきている気がします。

バァフ すごく良い状態ですね！　先ほども撮影の様子を見ながら思っていたのですが、お2人は空気の作り方がとても素敵でした。金城さんはスッと静かな空気に一瞬で変わりますが、川西さんは躍動感を感じる、お茶目なモードに変わっていて。対照的な雰囲気になるのも面白く感じました。川西さんは3月に初めて作詞曲を手掛けた「HAPPY UNBIRTHDAY」を発表されましたが、物作りの根底にある想いというと？

川西 音楽で言うと、自分の好きなように作ることを心掛けています。音楽理論や流行り、物を作る上で色々と考えることはありますが、僕はあまりそこに引っ張られ過ぎず、ただ「自分のやりたい音楽が、むしろ流行になればいい！」と思いながら作っていますね。

バァフ 何かを継続することは難しいと思いますが、そういう物事に対して、なぜ続けてこられたのだと考えますか？

川西 継続してきたことというと野球が浮かぶのですが、何でだろう……。結局は、好きだから続けられたのだと思います。好きだからこそ折れなかったし、身に付いた胆力が今こうやってお仕事にも繋がっているとは思いますね。

MY ROOTS

金城 今の僕の生き方みたいなものを作ってくれたのは空手です。小学生の頃からやっていて、初段を持っています。自分自身の芯を強くしたくて。メンバーとダンスの練習した後に、家で個人的に練習して、自分を客観的に見たりすることもよくあります。

川西 物作りの原点は、絵を描くこと。子供の頃は気持ち悪い絵を良く描いていたみたいで、今でも実家に飾ってくれているはず（笑）。あと、今の自分を作ったのは間違いなく15年ほどやっていた野球です。あの時の努力がなければ、今の僕はいないと思います。

TAO TSUCHIYA

PHOTOGRAPHS BY MISS BEAN

TAO TSUCHIYA
土屋太鳳

撮影 / MISS BEAN　スタイリング / 小川未久　ヘア&メイクアップ / 尾曲いずみ　クリエイティヴ・ディレクション&対話 / 松坂 愛　文 / 久保 泉

ドラマ放映から38年経った今も愛される『あぶない刑事』。舘 ひろし演じるタカことダンディー鷹山(鷹山敏樹)、柴田恭兵演じるユージことセクシー大下(大下勇次)のコンビが帰ってきた。8本目となる映画『帰ってきた あぶない刑事』で物語のキーとなる、母を探したいという真っ直ぐな想いを持つ永峰彩夏を演じたのは土屋太鳳。今回の役から感じられた〝何事にも恐れず果敢に挑む心〟は、20代のラストを迎えた彼女を切り取った本写真からもまざまざと伝わってくること。すべての物事に全身全霊で向き合い、「必死に生きてきた」と断言できる土屋だからこそ、彩夏という人物からひたむきさが表出していたのだと思う。

本作の舞台は、タカ&ユージにとって古巣の地である横浜。刑事を引退した2人は、ニュージーランドで探偵として第二の人生を始めるも、警官と問題を起こして探偵の免許を剥奪され、出禁となってしまう。そこから8年ぶりに横浜に戻り、探偵事務所を再開。初めての依頼人としてタカとユージの前に現れたのは、2人の娘かもしれない彩夏だった。母・夏子の消息を調べるという依頼を引き受けて捜索が始まるも、次々と迫る危機。それは同時に探偵としてのショー・タイムが始まる合図でもあった。

どんどん大人になっていく。成熟していくことに誇りを持っていたいです

バァフ 『あぶない刑事』に対し、どのようなイメージがありましたか?

土屋 世代は少し違うのですが——20代前半で役作りに困っている時に、母から「『あぶない刑事』を観てみたら」と言われたことがあった

んです。「ユーモアとカッコ良さが絶妙なバランスでできているから」と。それをきっかけに観ていた作品なので、今、こうして最新作の映画に参加させていただくことが光栄なことだなと心から思っています。

バァフ 本映画の脚本を読まれた時は、まずどのような気持ちが湧きましたか？

土屋 彩夏が母親を探すために、長崎から横浜まで出てくるじゃないですか。そこから大事件を経てタカとユージに包まれ、生きる意味や人の温かさを徐々に知る彩夏がいて。色々なことを2人から教わるような台本だなと感じました。

バァフ 舘さんと柴田さんが率いる場は、どのような空気感がありましたか？

土屋 刺激的で、とても面白い現場でした。ダンディでスターなんですけど、スタッフの一員であることもすごく大切にされていて。俳優部の一員とスターというのは、両立するんだという驚きがありましたね。あと、お2人に共通しているのが、挑戦したいことがあるということ。例えば、「彩夏きてー！　こうしてみたいんだけど、こう言ってくれる？」、「1回やってみていい？」と提案してくださる柴田さんがいたり。「絶対、挑戦したら面白いよな」と乗ってくれる舘さんがいたり。瑞々しい気が流れていて、少年のようでもあったんです。そういうお2人だからこそ、みんな大好きになって、ついていきたくなるんだろうなと感じました。

バァフ 舘さんと柴田さんの雰囲気は、役柄と同じく正反対でもありましたか？

土屋 そうですね。アプローチの仕方も真逆で。舘さんはドシッと座っている感じで、どちらかというと求められているものをやる。恭兵さんはというと、色々なところを歩き回って、「ちょっとこうしてみたいんだけど」と多くの提案があるタイプで。アクション・シーンで「老けたな」と台詞を入れたり、本当にどこもかしこも恭兵さんのアドリブが入っているんです。

バァフ ドシっと構えている舘さんから掛けてもらった言葉で、印象的だったことというと？

土屋 舘さんといる時に、そばに花瓶とヤジロベエが置いてあったんですね。その時、「どっちが目に入る？」と聞かれて。「花瓶の方が大きいので目に入ります」と答えると、ヤジロベエを揺らして、再び「どっちが目に入る？」と。次は「ヤジロベエです」と答えたら、「そうなんだよ。人は不安定でいい、揺れていていいんだよ」、「人間らしさに繋がるから、俳優は不安定でいいんだよ」と言ってくださって。その言葉にとても感動したのを覚えています。

バァフ すごく重みのあるお言葉ですね。タカとユージ、彩夏の3人でいるシーンがとても好きでした。特に、3人で車に乗り、ふと彩夏が2人に対して「どっちでもいいな、お父さん」とささやくところも最高に穏やかで。

土屋 すごく楽しいシーンで、あのままの穏やかな空気が現場にも流れていました。最後には2人を乗せて、私が車を運転したり（笑）。

バァフ それはお2人も喜んだのでは？

土屋 えー！　そうだと嬉しいですね。心が温かくなる時間だったのと同時に、ディスカッションがちゃんとある場というものを体験し、世代も時代も年齢も関係ないなと思えたひと時でもあったなと、今、感じています。いつの時代もカッコ良いものはカッコ良いし、面白いものは面白いんだなと。エンターテインメントの神様に愛されているお2人だなとも思います。

バァフ タカとユージのように、土屋さんにとって、お芝居での相棒と思える方はいますか？

土屋 戦友で言うと、山﨑賢人くんはそう思います。毎回、とても刺激をもらっていて。ただ、もう長い付き合いなのもあって、いきなり真剣なシーンになると笑いが止まらないなんてことが多々あります（笑）。

バァフ （笑）母親を探すことに対して、絶対に折れない彩夏がいて。そういう1つのものに向かって突き進む姿は、どのように映りましたか？

土屋 生きる意味を探しているというか、ちゃんと1つの目的がある姿にはとても共感するものがありました。私も1つのことだけを考えてしまうタイプで。役作りにしても1人の人物のことをずっと考えてしまうので、あまり2つの作品を同時に、ということもしないです。ただ、その役にとって必要なことは、枝分かれさせて考えます。この役のために、この感情は必要だからこれをやろうとか。

バァフ それでも軸は1本だと。

土屋 そうですね。木にいっぱい枝分かれして、役柄の大切な実がついていくような感覚です。

バァフ 土屋さんは今までの人生で、無理かもしれない、と思う場面にも飛び込んできたように思いますか？

土屋 そうですね……本当に必死に生きてきた感じがあります。それがもしかして周りには「危ない！」と思われていたかもしれないんですけど。足場を探しながら、気が付いたら高いところや急なところにいたという感じがあるのかなと思います。

バァフ ユージの台詞で「人生の黄金時代は老後にある」とありますが、何十年先、どんな自分でいたいなと思いますか？

土屋 やっぱり大切な人をちゃんと大事にできている人生であってほしいなと思います。そして、自分の中で何を優先して、生きていくのか。ちゃんとバランス良く、心と身体も大切にしたいなと思っています。

バァフ バァフでは10代の頃から土屋さんを追いかけてきましたが、早くも今、29歳になられて。20代もあと1年ですが、どのような20代だったと総括しますか？

土屋 20代は本当に色々な役をやらせていただいて、大人の役を演じたと思ったら高校生に戻って、みたいな。その中でもどんどん大人になっていく自分がいて。成熟していくことに誇りを持って、これからもステップを踏んでいきたいです。

MY ROOTS

作品ってすごく心だなと思います。物作りとよく聞くようになってから、「物じゃない、心だ」と感じるようになって。いつも心という見えないものを作っていかないといけない。どう心を作っていくかという、心作りを私は大切にしています。あと、20歳の時は生き方が出ると言われても分からなかったんですけど——30歳近くになってきて他の方のお芝居を見た時に「この方は普段、こういう風に生きていらっしゃるんだな」となんとなく見えるようになってきたんですね。だから自分自身もちゃんとした生き方をして、豊かにしていきたい。そうすればどんなお芝居にも対応していけるのかなと思っています。

『帰ってきた あぶない刑事』
監督／原 廣利
出演／舘 ひろし、柴田恭兵、浅野温子、仲村トオル、土屋太鳳、他
全国公開中

(034-037page) ジャケット(165,000yen)、スカート(82,500yen) / 共に、ヘンネ(HAENGNAE CUSTOMER SUPPORT　customer@haengnae.com)　スパンコールトップス(24,200yen) / サムソ サムソ(eight　tel.03-4530-3240)　ブーツ(参考価格) / カナコ サカイ(info@kanakosakai.com)　リング(31,900yen) / イー・エム(e.m. 青山店　tel.03-6712-6797)　※すべて税込
(038-040page) ドレス(35,200yen) / サムソ サムソ(eight)　靴(116,600yen) / クリスチャン ルブタン(Christian Louboutin Japan　tel.03-6804-2855)　イヤーカフ(45,100yen) / イー・エム(e.m. 青山店)　※すべて税込
(041-044page) ジャケット(参考商品)、ドレス(96,800yen) / 共に、カナコ サカイ　チョーカー(50,600yen) / フレーク(tel.03-5833-0013)　※すべて税込

RYOKI MIYAMA

PHOTOGRAPHS BY TAKANORI OKUWAKI (UM)

(050-051page) コート(77,000yen) / EROTIC(@EROTIC_JIYUGAOKA)　メッシュタンク(20,900yen) / YUKI HASHIMOTO(サカス ピーアール　tel.03-6447-2762)
小指のリング(42,900yen) / ボーニー(エドストローム オフィス　tel.03-6427-5901)　右耳イヤーカフ(21,780yen) / ノウハウ(ノウハウ ジュエリー　tel.03-6892-0178)　※すべて税込

RYOKI MIYAMA
三山凌輝

撮影 / Takanori Okuwaki（UM）
スタイリング / HIRONORI YAGI
ヘア&メイクアップ / 奥平正芳
クリエイティヴ・ディレクション / 松坂 愛
文 / 白土華乃子

（046-049page）
コート（228,800yen※参考価格） / ワイ プロジェクト（ザ・ウォール ショールーム　tel.03-5774-4001）
カットソー（28,600yen） / SHOOP（サカス ピーアール）
ネックレス（59,400yen） / ボーニー（エドストローム オフィス）　※すべて税込

（052-053page）
コート（814,000yen）、ジャンプスーツ（407,000yen） /
共に、リック・オウエンス（イーストランド　tel.03-6231-2970）　※共に税込

（054page）
ブルゾン（115,500yen）（税込） /
アクネ ストゥディオズ（アクネ ストゥディオズ アオヤマ　tel.03-6418-9923）

（055page）
シャツ（135,300yen）（税込） / マルニ（マルニ ジャパン クライアントサービス　tel.0120-374-708）

（056page）
ジャケット（66,000yen） / EROTIC（@EROTIC_JIYUGAOKA）
ロングカットソー（39,600yen） / タム（サカス ピーアール）　※共に税込

笑顔でスタジオに入ってきたかと思うと、撮影が始まった途端に張り詰める心地の良い緊張感。感情のすべてを解放し、時には水の一滴までをも自身の世界観の一部として昇華させてしまう類まれな表現力を持つ三山凌輝。漢らしい荒々しさをシャッターが切られる一瞬に次々と封じ込め、「表現者」としての真髄を己の身体で体現してくれた――。

そんな三山が今回、満を持して挑んだのが、放送中の連続テレビ小説『虎に翼』である。日本史上初めて法曹の世界に飛び込んだ1人の女性の実話に基づくオリジナル・ストーリーであり、女性の社会進出が困難であった時代に道なき道を切り開いた情熱溢れる人々の姿を描いた作品だ。演じるのは、主人公・猪爪寅子（伊藤沙莉）の弟・猪爪直明。時代の波に飲まれながらも、目の前に立ちはだかる壁を自分の足で乗り越えようとする健気で実直な人物である。青年・直明を演じる三山の想いとはどのようなものなのだろうか？　激動の時代を生き抜いた人々に想いを馳せながら、直明という人物に真正面から向き合い、命を吹き込んでいる三山に、本作にかける想いを訊いた。

自分の想像する数年後のヴィジョンを、描きやすくしてくれる

バァフ 本日は長丁場の撮影、お疲れ様でした！　しっかりと水に濡れていただいて……本当にありがとうございました。

三山 ああいうのって、楽しいですよね（笑）。撮影でしかできないことというか。（フォトグラファーの指示で）カメラに向かって水を噴射したりと、日常ではできないことを肯定されながら挑戦するという（笑）。

バァフ （笑）とてもカッコ良かったです。そして早速、朝ドラについてお聞きできたらと。出演が決まった時はどのように感じましたか？

三山 元々、俳優として活動をしていく中でキャリアとしても「『朝ドラ』に出演できたら」という目標を1つ抱いていました。『朝ドラ』は歴史のある作品でもあって。出演を機にたくさんの方に注目していただける機会も多くなりますし、自分が想像する数年後のヴィジョンにも繋がっていく貴重な作品になるだろうと感じましたね。

バァフ 今、どのようなヴィジョンを描いているのですか？

三山 海外作品にもたくさん出たい、という想いがあります。大胆さと繊細さ、自分にしか出せない色がそこで評価される時がくるといいなと。もちろんそのためには、自分の地盤というものを固めないといけないですし、この数年はそんな時期になるんだと思っています。

バァフ 数年後の姿が今から楽しみです。今回演じている直明は、どういう人物だと捉えましたか？

三山 真面目気質で……好青年で真っすぐな人だからこそ、自分より人を優先したり、色々と気を遣ってしまったり。常に人にそう接しているから、「今は直明がちゃんと言いたいことを言う番だよ」と家族が促してくれるところがあったりするんです。それで言うと、僕も近しい部分があるというか。例えばグループ活動をしている時が特にそうなんですけど、タイミングを見計らって発言したり、バランスを俯瞰する力ってすごく大事だと感じている自分がいるんです。そういう気持ちを押し

殺す部分と出す時のタイミング、そして人の気持ちを掴むようなところも直明と僕の似ているポイントだと思います。計算はしていないんですけど、自然と風向きがそうしてくれるというか。

バァフ 役作りをする上で、手掛かりはどのようなところにありましたか？

三山 自分と直明があまりかけ離れていないので、「僕が昭和の時代に生きていたら？」とイメージするところから始めました。そうするとおのずと所作が変わってくるんです。あと、喋り方もなるべくハキハキ喋るようにしたり。結構、難しいですけどね。「やべっ！」とかつい言っちゃいますし（笑）。今、自然と自分から出ることを削っていく必要があるなと感じています。あと、衣装やセットに感化されて、自然と直明の気持ちに切り替えられるところもあったりして。昔の服を着てセットの中にいると、今っぽい動きや派手なことをあまりしたくなくなるんだなと感じています。

バァフ 直明の人柄はもちろん、猪爪家自体が素敵な家族だなと。主人公・寅子を演じる伊藤さんや、寅子の母を演じる石田ゆり子さんをはじめ、猪爪家のみなさんと対峙してみていかがでしたか？

三山 本当にそこが一番のプレッシャーで（笑）。直明を演じるのは僕で4代目なんですけど、成長するにつれ役者は違っても家族はでき上がっていて、直明としてそこにいたわけじゃないですか。僕が演じる前に「10分間の今までの直明シリーズ・ヴィデオ」というものを観たんですけど、それでも分からない部分もあったりして（笑）。「どうすればいいんだろう」と思っていたんです。でも、「これはもう家族に委ねよう」と思い、猪爪家に帰ってくる自分にとって初日のシーンを撮影していましたね。実際に自分が数年間家族の元を離れて、状況も環境も変わっている中で帰ってきたとしたら、家族だとしても少しソワソワするだろうなと思って、素に近い感情でいたように思います。

バァフ 実際、その最初のシーンの撮影をしてみていかがでしたか？

三山 結構あっさり進みました。というのも、生きてきた中での環境や経験が重なって人は変化していくところもあるので、そこは自分で作り上げても良いのかもと思って。親元を離れていたその期間を、自分と近い直明で構成していけば成り立つかなと考えていましたね。

バァフ 猪爪家のみなさんと再会を果たした今、撮影中に共演者の方から刺激を受けていることなどありますか？

三山 俳優さんってすごいなと思いました。気持ちや感情にしてもそうなんですけど、自然過ぎるくらい当たり前のようにその世界にいるのを感じるというか。役と一体化するように、自分のことだと思い込めるその姿を間近で体感しています。

バァフ 寅子との掛け合いの中で、現時点で印象に残っているシーンはありますか？

三山 （取材時点）それこそまだ放送は先なんですけど、沙莉さんと1対1になって、僕が喋り続けるというシーンがあるんですよ。珍しくお姉ちゃんに対して主張するというか。もちろんそれは家族のためであり、お姉ちゃんのためでもあって。という結構大事なシーンの撮影がこの前あったんです。プレッシャーで2日くらい寝られなかったんですけど、良い感じに撮影することができて。そのシーンの時、沙莉さんはほぼ台詞がないんですけど、当たり前のように僕の言葉を受け入れてくれる感じがあって、すごく芝居がしやすかったです。もちろん、沙莉さんの芝居力が高いというのがあるんですけど、さらにこちらの芝居まで磨いてくれるというか。おのずと気持ちが動かされるところがあるんです。受けの芝居ができる役者というのはすごいと言いますが、本当にその通りだなと思いました。

バァフ テーマでもある憲法や条例については、事前に勉強をして撮影に挑まれましたか？

三山 一応、勉強ができる役なので、直明が説明するワードの知識はなるべく入れるようにしています。ただ、僕としては使い慣れていない言葉ではあって。それを視聴者の方に伝わるようにハキハキと、そして自然に言わなきゃいけない。でもそこに囚われてしまうと、めっちゃ意識している感が出てしまうという。その間にいて、僕、撮影中に1回ゲシュタルト崩壊のようなことが起きてしまい、全然違う言葉を言ってしまったことがありました（笑）。

バァフ （笑）素敵な猪爪家に囲まれながらの撮影ですが、三山さん自身が理想とする家族観はありますか？

三山 もちろん、いろんな家族がありますけど、猪爪家を基準に見るとやっぱり家族ってすごく温かくて帰る場所だなと感じます。気持ちが沈んだ時、家族と話すだけで「もう少し生きたいな」と思えたり。家族の大切さって、そこにあるなと。僕もいつか家族ができたら、子どもには自由にさせてあげたい。それでいて人としてすごく素敵な人に育ってほしいというか。僕自身、自由にさせてもらいながらも、親から「人にされて嫌なことはするな」というのと「思いやりだけは持て」ということだけはずっと言われ続けてきたんですね。それが大人になった今、すごく効いているというか。人とコミュニケーションを取ってコミュニティを広げていくこと——人間社会に生まれた以上、そこで好かれた者勝ちだと思うし、そういうことを計算せずに当たり前にできるのが一番良いと思っています。

バァフ それこそ、良い意味での人たらしというか。

三山 そうやって言っていただくことが多いですけど、自分にあるその部分が直明にも自然と出たらいいなと思っています。

MY ROOTS

物作りの原点でいうと、出会いとタイミングがすごく大きくて。主に役者の活動をしていた頃、コロナ禍で「音楽でも何か発信したい」と思っていたんです。その時に周りにいたクリエイターさんやデザイナー、ヘアメイクさんたちが僕の未来を見据えてくれて、本当だったらすごくお金がかかるのに、ＭＶのようなものを気持ちで一緒に作ってくれたんです。でき上がった作品をたまたま日高（光啓）さん（SKY-HI）が観てくださったことをきっかけに、オーディションを受けることになったりして。そうやって支えられて、近くの人から認めてもらえてこそ、また輪が繋がっていくんだと感じています。今、物作りの根底にある想いは——表現したいという気持ち。自分自身にしか出せないオーラや雰囲気を含めて、自分でないといけないという意味を見出していきたいというか。自分だからこそ求められている、ということを増幅させていきたい、という気持ちが強くあるなと思います。

連続テレビ小説『虎に翼』
作／吉田恵里香
演出／梛川善郎、安藤大佑、橋本万葉
出演／伊藤沙莉／石田ゆり子、岡部たかし、仲野太賀、森田望智、上川周作、三山凌輝／土居志央梨、桜井ユキ、平岩紙、ハ・ヨンス、戸塚純貴、岩田剛典／松山ケンイチ、小林 薫、他
月〜土曜の午前8時より〈NHK総合〉他にて放送中

NATSUKI DEGUCHI

PHOTOGRAPHS BY SAKI YAGI

NATSUKI DEGUCHI

出口夏希

撮影／八木 咲　スタイリング／早川すみれ　ヘア&メイクアップ／Otama　クリエイティヴ・ディレクション&対話／松坂 愛　文／白土華乃子

天真爛漫で弾けるような笑顔。空間も、その場にいる人の心にもパッと明かりを灯してくれる、澄んだ碧空に存在する太陽のような人である。そんなポジティヴさと純心さを兼ね備えているのが、出口夏希だ。放送中のドラマ『ブルーモーメント』〈フジテレビ〉系では、気象研究所・研究官の助手である雲田 彩を演じている。本作は甚大な気象災害によって脅かされる人命を守るべく、現場の最前線で命がけで救助に立ち向かう「SDM（特別災害対策本部）」と呼ばれるメンバーの奮闘記。気象班チーフ・気象研究所の研究官である晴原柑九朗（山下智久）の元で、素人ながらも懸命に食らいつき、成長していく彩の様子も見どころの1つとなっている。

タイトルの「ブルーモーメント」とは、日の出前と日の入り後のほんのわずかな間、辺り一面が青い光に照らされる現象のこと。今回のシューティングでは、その意味合いにちなみ、ブルーを基調とした幻想的な世界観での撮影に挑んだ。夜更けから夜明けにかけて移ろいゆくような"蒼さ"を、艶やかで儚げな表情と立ち居振る舞いで繊細に立ち上げてくれたことが記憶に濃く残っている。そして本インタヴューでは、迷いのない真っ直ぐな言葉で作品や役への想いを紡いでくれた。

諦めないって、大事だなと感じています

バァフ 本ドラマへの出演が決まった時の心境はいかがでしたか？

出口 「私ですか……？」と思いました（笑）。物語では彩の成長していく過程が描かれていて。重要な役どころでもあったので、私が演じてもいいんだろうか？と悩んでしまったんで

す。でも「できるのか?」よりも、「やってみたい」という気持ちが強かったので頑張ってみたいと思い、挑戦することにしたんです。

バァフ 雲田 彩については、どのような人物だと感じましたか?

出口 私の演じる彩は、中国から留学で帰ってきた帰国子女で。すごくサバサバしていて、言いたいことをハッキリと言える性格だなと。それと、躊躇なく人のために動ける子だなとも思います。

バァフ ご自身と彩は、何か共通する点などありましたか?

出口 それがあまりないんです(笑)。彩の魅力の1つに、何か壁にぶち当たった時、挫けないところがあって。もちろん悩みますし、挫けそうにもなるんですけど、それよりも何かが起こった時に、どうすればいいか?と自分の中で考えて行動ができる子なんです。私の場合は何か立ち塞がってしまうような壁があると、自信をなくしてしまい、すぐ諦めてしまうところがあるので(笑)。だから彩に対しては、カッコ良いなという憧れが強くあります。

バァフ ドラマに挑戦するにあたり、気象に関することなど、何か学んだりしましたか?

出口 事前に天気に関する勉強というのは特にしていなくて。彩の成長の物語にもなっているので、話が進むごとに一緒に学んで成長していけたらなと思います。私も彩と一緒で、これまで天気予報って雨が降るか降らないか、寒いか寒くないかくらいしか気にしていなくて。だから今、台本を見て初めて知ることがたくさんあります。

バァフ 視聴者のみなさんと同じ目線で、一緒に学んでいくようなところがあるのですね。

出口 そうですね。彩が一番視聴者の方に近い存在だと思います。物語では、自然災害が起きて、救助している様子を彩が間近にする場面もあって。そういうところも含めてリアルに演じることができたら、視聴者の方にもより彩の成長が伝わるのかなと思っています。

バァフ 彩は「SDM」で戦力にはならなくとも、最初からなんとか食らいつこうとするじゃないですか。そんな彩の姿はどのように映りましたか?

出口 彩の食らいつこうとする姿は、すごく素敵で。そういう部分に晴原先生も心を動かされるところがあるので、諦めないって大事だなと改めて感じています。

バァフ 彩は中国語を話せるという役どころでもあって。

出口 出演のお話をしていただいた時に、中国語を話すということも聞いていて。私自身、元々話してきてはいたんですけど——今までは家族の中でしか話したことがなかったので、訛っているのが心配でもあったんです。「発音、大丈夫かな?」と。だから観ている方に違和感が出ないようにしたくて、今ではたくさん北京語を聞いて、イントネーションと滑舌を意識しながら何回も唱えるようにしています。

バァフ これは原作を拝見して思ったのですが、彩はちゃんと食事を摂るじゃないですか。「ご飯を食べないと戦はできない」といった精神の持ち主でもあって。出口さんご自身は、日々の生活やお芝居と向き合う中で、何が一番欠かせないものですか?

出口 やっぱり忙しくとなると、何もかもできなくなってしまうというか。その中でも睡眠は大事だなと。食べることはもちろん、ちゃんと寝ないと次の日に力が出ないので、寝る時間は確保したいです。ただ私の場合は、撮影が続くと、「この時間に寝て、この時間に台本を読もう」と計画的になっていくので、普段よりすごく規則正しくなるところもあります(笑)。

バァフ (笑)彩が助手として就いている晴原先生は山下さんが演じていますが、共演してみてどのような印象ですか?

出口 山下さんは、皆さんに話を振ってくれるような方で。緊張したりしていても、引っ張ってくれたりと、現場の雰囲気を作ってくださる存在でもあるなと感じています。

バァフ 何かお話はされましたか?

出口 お昼はドラマの現場の食堂で食べることがあるんですけど、「何、食べる?」と声を掛けてくださったり。あと、「サウナはどこが良いか」とか。ドラマの話というより、たわいもない話ばかりしています(笑)。

バァフ 晴原先生と彩の関係性はどのように捉えていますか?

出口 晴原先生は、度々周囲から反感をかってしまうような毒舌なところがあるんですけど、彩は気にせずズバズバと言葉を伝えるところがあって。師弟関係ではありながらも、言いたいことをちゃんと言い合える素敵な関係だなと。もし、晴原先生が打ち解けてくれたら、普段の山下さんのような柔らかい感じなんじゃないかなと想像しています(笑)。

バァフ 最初は晴原先生に対して良く思っていなかった彩がいましたが、どの姿を見てその考えが変わったのだと思いますか?

出口 晴原先生は、1つひとつの答えを出すために時間を掛けて向き合っていて。そんな晴原先生の姿を見ていくにつれて、彩は「こんなことを思っていたんだ」と、感じるようになったのかなと思います。

バァフ 晴原先生にとっては、きっと、彩は光のような存在です。出口さん自身にとっては、どのようなものが光のような存在だと思えますか?

出口 撮影が続いて、疲れたなと思う時は友達に会いたくなりますね。あとは、姪っ子と甥っ子にも。この前も撮影が早く終わり、夕方から少しだけ時間があったので、甥っ子と姉に会いに行きました。私は1人でいるよりも、誰かと会う方がストレス発散になったり、気がラクになったりするんです。

バァフ 本ドラマのタイトルは、『ブルーモーメント』です。その時間帯の空は、意識してみたことがありましたか?

出口 元々はそういう言葉があることも知らなかったのですが、ドラマに出演することになり、素敵な空の時間帯があるんだなと思って調べたりして。私、実際に何週間か前に、家のベランダから、たぶん「ブルーモーメント」を見ました。すごくキレイで!　あれはきっと「ブルーモーメント」だったんじゃないかなと思っています(笑)。

MY ROOTS

『沈黙のパレード』と『舞妓さんちのまかないさん』という作品を同じ時期に撮影していたのですが——それまで自分はお芝居をすることが向いていないのかな?と思っていたんです。でも両作品の監督と向き合える時間が多かったのもあって、演じていてすごく楽しいと思えたんです。撮影を終えて、そこからお芝居に対して「やってみよう」と感じることができて。物作りへの根底にある私の想いは——「変わらずにいる」ということ。初心を忘れず、いつでもそのままで、自分らしくいようと思っています。

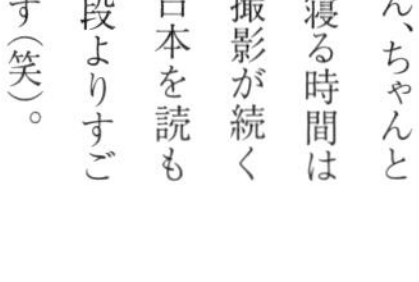

『ブルーモーメント』
演出／田中 亮、森脇智延、下畠優太
原作／『BLUE MOMENT』小沢かな〈BRIDGE COMICS／KADOKAWA〉
出演／山下智久、出口夏希、水上恒司、岡部 大、仁村紗和・夏帆、平岩 紙、音尾琢真・本田 翼、真矢ミキ、舘 ひろし、他
毎週水曜夜10時より〈フジテレビ〉系にて放送中

(058-061page) トップス(35,200yen) / Eica yoshinari(EICA　eicayoshinari.com)　パンツ(62,700yen) / KANAKO SAKAI(カナコ サカイ　info@kanakosakai.com)　※共に税込
(062-065page) ドレス(89,100yen)(税込) / CFCL(シーエフシーエル オモテサンドウ　tel.03-6421-0555)
(066-068page) ドレス(84,700yen)(税込) / Mame Kurogouchi(マメ クロゴウチ オンラインストア　tel.0120-927-320)

SHO NISHIGAKI

PHOTOGRAPHS BY ITTETSU MATSUOKA

SHO NISHIGAKI

西垣 匠

撮影 / 松岡一哲　スタイリング / 丸山 晃　ヘア&メイクアップ / 根本亜沙美　クリエイティヴ・ディレクション&文 / 岡田麻美

　これまでの出演作から可愛いらしい男性像の印象が強いけれども、今回の撮影ではそれだけではない様々な表情を見せてくれた西垣 匠。自信に満ち溢れた色っぽい姿や、感情を揺さぶられる泣き顔まで、ページをめくると物語を読んでいるような感覚になると思う。インタヴューでは物作りや作品に対して強く感情移入してしまう性質や、相手をじっと見つめて隠された感情まで探り、自分事として考え活かしていく、気骨と優しさが浮き彫りになった。話を聞いていて、人のことが好きなのだろうなと思う。それは出演した4月期のドラマ『春になったら』の話からも感じられた。人を憂い、役を演じる、俳優にとって大切なことは何かと問い続ける西垣は、映画『みーんな、宇宙人。』に出演する。ある日、毛がモジャモジャの見たことのない生き物・ピーチが、宇宙からショウ(西垣)の元に落ちてきた。ピーチの仲間も別の5人の前に次々現れ、会話を通してお互いのことを少しずつ理解し始める。このファンタジックな物語に、どのような想いで向き合ったのか、話を聞いた。

「恋とは勘違いだ」という台詞が好きだったんです

バァフ『みーんな、宇宙人。』で西垣さんが演じる役は、自信が持てなくてネガティヴな性格とのことですが、役名が西垣さんと同じショウなんですよね。

西垣 台本をいただく前はキャスト全員がそういう設定だと思っていたんですけど、「あれ？　違うんだ！」みたいな(笑)。役と自分は全然違います、僕はもっと社交的です！

彼は内気で恋が分からない男の子で、まだ余裕や落ち着きがない状態ですよね。宇宙人のピーチと出会うという不思議な世界観の作品なので、ある意味お芝居も変に遠慮はしなかったというか、くどいほどにオドオドしているかも知れません(笑)。

バァフ 「好きが何だか分からないショウと、そんな彼に恋をしたピーチちゃん」という設定ですが、西垣さんご自身はこの恋愛模様をどう感じましたか？

西垣 ピーチも初恋なのに、ショウに恋心を教えてくれるんです。「僕はカッコ良くないよ」と伝えても、ピーチから見たらすごく良い男で、お金なんか持ってなくても一緒に稼げばいいじゃないと言われたりして。めっちゃ良い女性ですよね(笑)。「恋とは勘違いだ」という台詞が好きだったんですけど、普通の人を幸運の女神だと勘違いすることが恋なんだという名言を思い出しました。恋愛期間が長くなれば、相手がいることが日常になってしまう時もあるじゃないですか。恋の数もそうで、初恋を過ぎれば恋をすることが普通になってくる。でもショウとピーチは初恋だし相手に一直線で。恋は盲目っていう言葉は、本当にその通りだなと改めて思いました。

バァフ あと、4月期に放送されたドラマ『春になったら』は、芸達者の俳優さんが揃った現場でしたね。

西垣 色々な方々が出演している作品でしたけど、特に木梨憲武さんは何かを演じようとしていないというか、役者の思惑みたいなものがないんです。キャリアや経験から醸し出されるものを、間近で感じてすごく勉強になりました。当たり前ですけど他の皆さんもとんでもなくて、木梨さんがどんなボールを投げても必ずキャッチするし、逆に木梨さんがいないところでは濱田 岳さんが現場を掻き回していたり。それって作品全体のトーンが見えているからできるんだなと思うんです。事前準備も必要ですけど、現場で生まれるものを大事にする気持ちが重要で、皆さん心底お芝居を楽しんでいました。自分もそのスタンスを次の作品に活かしたいから、真似にはならないように、もうちょっと噛み砕いて理解して。自分だったらこういう表情になる、というような選択肢を増やしていきたいです。

バァフ 西垣さんご自身は2021年のデビューから出演作を重ねて、お芝居への気持ちの変化も感じていますか？

西垣 今は自分が一番楽しめるように、ワクワクする気持ちを大切にしています。観る方に笑ったり感動してもらうには、まず自分が面白がっていないと伝わらないと思うんです。それは『春になったら』の現場でより感じたことでもあって、予想を裏切られることが楽しくなりました。台本を読んで「こうやってみよう」と考えて現場に行っても、まったく違うものが生まれる。例えば、僕の台詞はないけれども第三者として相手を見ているシーンで、「こういう風に演じるんだ。確かにこのトーンの返しもあるな」と感じたり、自分の想像を超えるシーンはどの作品でも必ずあるので、じっと観察してしまいます。そう思えるようになったのは、デビュー時に比べると現場での出来事を受け止められるくらい、アタフタしないようにはなったのかなと思います(笑)。

バァフ 以前本誌にご登場いただいたのは劇団☆新感線『薔薇とサムライ2 海賊女王の帰還』出演のすぐ後で、「心が折れたけど、気付きが多かった」とおっしゃっていました。その後、舞台経験が活きていると感じることはありますか？

西垣 お芝居との向き合い方として、ここまではやらなきゃいけないという限界はないんだと、自分の中のラインが更新された感覚だったんです。でも多分、ずっとその繰り返しなんですよね。1回やって、まだ足りないと思って、より深くまでいけるようになる。あの時は、先輩だけでなく同年代の方もすごく鍛錬しているのだと肌で感じましたし、舞台上で僕が喋っていても、お客さんは他の演者を観ているように感じたんです。完全に自分の力不足ですが、せっかく舞台に立っているのに寂しいと思いました。悔しいのなら、自分はもっとやるべきことに向かうしかないし、今のままでいいとはもう思えないですね。

バァフ そうした現場と出会えるのは素晴らしいことですよね。また今日の撮影では涙していただくカットがあって、すごく引き込まれました。メイクや衣装は気持ちを作り出す助けになりますか？

西垣 ほんとですか！　泣くお芝居の時は役として考えるんですけど、今日は演技ではなかったので『ハイキュー!!』を観ると必ず涙が出るシーンを思い出していました(笑)。春高バレーの烏野高校対、白鳥沢学園高校の予選決勝の回です。月島くんという、バレーはただの部活動だと思っている、センスも身長もあるのに一生懸命になり切れない男の子がいて、先輩に相談したら「目の前のヤツぶっ潰すことと、自分の力が120%発揮されたときの快感がすべて。それがお前がバレーにハマる瞬間だ」と言われるんです。で、予選決勝でその瞬間が訪れて、バレーにハマる。月島くんは大きい声なんて1回も出したことがないのに、ガッツポーズしながら叫ぶ場面があって、感情が昂ぶって毎回泣けます(笑)。

バァフ 今、すごい熱量を感じました(笑)。俳優として活動する中で、軸にしていることは何ですか？

西垣 自分が辿り着きたいところにいくために知識を得ることと、エンタメが好きという気持ちですね。好きこそものの上手なれという言葉があるように、辛いことがあっても頑張ろうと思えるのは、好きだからの一言に尽きるのかなと思います。僕自身が負けず嫌いでなんだかんだ熱いタイプだし、熱量を持って仕事をしている人の方が尊敬できるので、そこが自分の根底にある軸かなと思います。

MY ROOTS

俳優を始める前からエンタメ業界に興味があったんです。きっかけは子供の頃に観た『スパイダーマン』で、最初はスパイダーマンを撮影したいと思っていて。〈マーベル〉という会社が制作していることを知り、どうしたら働けるのか中学生の時は「Yahoo!知恵袋」に質問していました(笑)。でも高校生でフェンシングの日本代表選手に選ばれて海外遠征に行った時、僕が将来〈マーベル〉で働きたいと外国の選手に言ったら「漫画家になりたいの？」と逆に聞かれて、そうじゃないと。遠征で何を話しているのって感じですが(笑)、もっと的を絞って考え直すうちに、色々なご縁や運もあって、裏方ではなく俳優になれました。〈マーベル〉作品に出ている日本人もいますし、道がないわけではないので、いつか出たい。それはもう、人生をかけた野望です。

『みーんな、宇宙人。』
監督・脚本／宇賀那健一
出演／兵頭功海、菊地姫奈、西垣 匠、三原羽衣、草川拓弥、YU、他
6月7日より全国公開

(070-071、074-077、079-080page) ジャケット(253,000yen)、パンツ(160,600yen)、レギンス(60,500yen) / 以上、BOTTER(IZA　tel.0120-135-015)　タンクトップ(15,400yen) / CLASS(WHEELIE　tel.03-5458-7200)　ショートパンツ(41,800yen) / CFCL(CFCL OMOTESANDO　tel.03-6421-0555)　ネックレス(16,940yen) / RUMHOLE beruf (tel.03-5489-6567)　シューズ(132,000yen) / F.LLI Giacometti (WHEELIE Co.,Ltd.　tel.03-5458-7200)　※すべて税込

(072-073、078、080page) シャツ(29,480yen) / VELVET(tel.03-6407-8770)　デニム(46,200yen) / LIVINGTONE(ON TOKYO SHOWROOM　tel.03-6427-1640)　シューズ(参考商品) / KIDS LOVE GAITE(FAITH Co.,Ltd.　tel.03-6304-2937)　ネックレス(16,940yen) / RUMHOLE beruf (tel.03-5489-6567)　※すべて税込

YUUMI KAWAI

PHOTOGRAPHS BY
TOSHIAKI KITAOKA (L MANAGEMENT)

YUUMI KAWAI
河合優実

撮影／北岡稔章（L MANAGEMENT）　スタイリング／木村真紀　ヘア&メイクアップ／上川タカエ（mod's hair）　クリエイティヴ・ディレクション／岡田 麻美　文／上野綾子

映画『あんのこと』の主人公・杏（河合優実）の美しく強い眼差しが、今でも忘れられない。

コロナ禍で実際に起きた出来事を基に、入江 悠監督が脚本から手掛けた本作。杏は10代のはじめから親に売春を強いられ、身を置く劣悪な環境から、薬物にも手を染めてしまっていた。警察での取り調べをきっかけに出会った刑事であり、薬物更生者の自助団体を主催する多々羅（佐藤二朗）と、多々羅の活動を以前から取材している週刊誌の記者、桐野（稲垣吾郎）。2人と共に、更生へと向かい始める杏だが、そんな矢先、コロナウィルスの蔓延により再び彼女の人生は狂わされてしまう。

諦め、喜び、絶望、そして希望。河合が体現した杏の瞳は、多くのことを言葉以上に訴えかけてきた。最後まで光を失わないよう、小さな幸せや喜びも見落とさない杏の姿勢は、より現実を残酷に見せてしまう。が、それでも杏の生き様を目にした我々に、様々な登場人物の視点に立ち「自分だったらどうするのか？」と考えるきっかけをくれる作品だ。

大きな気持ちを持って演じることでしか、この役を全うできないと思った

バァフ 作品の資料で「彼女の人生を、自分が生き直す」と決意されたとありました。実在した人を生き直すというのは、並大抵の覚悟がなければ言えない言葉ではないかなと感じますが、作品のどのような部分に河合さんは心を動かされ、そのように思われたのでしょうか？

河合 一番大きく感じたのは、杏のモデルになっ

た方が実在するというところでした。ご本人が感じた絶望や辛さ、痛みはもちろん、楽しかったことや嬉しかったことのすべてが本当にあったことだと考えると、それに及ぶものはもう何もないんですよね。そういうことを本当にたくさん考えたのですが、参加させていただくことを決めた以上、私は想像することしかできないけれど、それならばできる限りの想像をしたい、彼女を生き直す気持ちで挑みたいという想いにたどり着きました。そのくらい大きな気持ちを持って演じることでしか、この役を全うできないと思ったんです。新しく解釈したり、演出し過ぎるのではなく、あくまでもう1回生きてみるということでありたかった。生かしてもらうことで、本当にあった痛みや苦しみを私の身体にも分散させる、観ている人にも伝播させるというようなことがもしかしたらできるのではないかなと。苦しいことではあるけれど、杏のような生活を作り出しているのはこの社会であり、私たちもその一部であると思うんです。それは、私も背負わなければいけないことのように思いました。そして、この作品を作り出すことがご本人にとってどういうことなのか?ということもずっと考えていて。私がもし杏だったとして、自分が命を絶った後に知らない誰かが映画にして、多くの人が観る。そのことを知った時、果たしてプラスの感情になるのかどうか?知る由もなくて。それを思うとやはり、生半可な気持ちで彼女を生きることはできないです。それで、「一生懸命に向き合うので、この映画を作っても良いですか?」と彼女に聞きたい気持ちがあって。「いいよ」と言ってくださっていると信じるしかないのですが、そう言っていただけるように努めていたし、撮影に向かう前はいつも祈っていました。

バァフ 撮影に入る前には、河合さんご自身が実際に足を運んで、杏のモデルとなった方を取材していた記者の方にお話を聞きに行かれたんですよね。お話を聞き、杏を演じる上で一番大事にしたことはどのようなことでしたか?

河合 一番を選ぶのは難しいですが、作品の試写を観て「一番印象に残っているのは杏が頑張っている姿だった」と言ってくださった方がいたんです。その言葉をいただいた時にすごく嬉しくて。色々なことがあった彼女の人生の中でも、前を向く力がすごく強い人だと感じていたので、観た方にそう伝わったことに心底ホッとしました。そのことが私の大事にしていたものの1つでもあったなと思います。

バァフ 目を背けたくなるような出来事も多い中、多々羅と桐野と一緒にご飯を食べたりカラオケに行ったり、楽しそうだなと思えるひとときでもありました。杏は学校も普通に通えていなかったと思うんです。放課後、友達と遊ぶ経験もなかったであろう彼女にとって、2人との時間は本当に尊いものだったと思いましたが、河合さんはどう捉えましたか?

河合 記者の方に話を聞いた時にも、演じていく中でも、母親と離れることができなかったのが大きな足枷になっていたことが実感としてあって。側から見たら酷いことをされているし、明らかに健全な環境ではなかったと思いますが、杏にとってそれを断ち切るのは簡単なことではなかったんですよね。自分がいないと生きていけない家族が家にいることもそうだけど、家という社会しかなかったし、そもそも他人と繋がることを知らなかったのだと思うので。杏にとって多々羅と桐野は世界を広げてくれた2人だったのだと思うんです。出会いは取り調べがきっかけだったけれど、初めてできた、かけがえのない外との繋がりだったと思います。人との関わりの中にある希望を感じる時間だったんじゃないかと、杏を生きながら感じていました。

バァフ 河合さんにとって心から安心できるところというと、どんな居場所が浮かびますか?

河合 学生の時から知っている仲の友人たちとの場でしょうか。私と近しい仕事をしている人もいるし、全然違う道に進んだ人もいるんですけど、そういう“まだ何者でもなかった自分たち”の時期に知り合っていた人たちとは、心置きなく過ごせるなと思います。

バァフ 終盤、桐野が後悔の言葉を口にするシーンがありました。正義のもとに決断したことが、結果物事の状況を悪くさせてしまう構図だけ見ると、このケースに限らず起こり得ることですよね。

河合 そうですね。作品の話で言うと、多々羅がしていたことは絶対に許されることではないし、事実を暴くのが桐野の仕事であって正義なんですよね。「あの時もしこうしなければ」、「こうしていれば良かったのか」は幻でしかないというか。例えば今日、取材に来る前に「晴れているし、気温もこんなに暖かいなんて、杏が見守ってくれている気がするな」と思ったとして、良くも悪くも、もういない人に対してこちらは勝手に想像するしかできないんですよね。判断を下した時はそれが正しいと思っていたのなら、後悔も抱えて前に進むしかないのだと思います。

バァフ 河合さんは、今作の公開に加え、放送中のドラマ『RoOT / ルート』〈テレビ東京〉他に出演、6月28日には劇場アニメ『ルックバック』の公開も控えています。絶えず作品作りに携わられていますが、様々な作品に出演する中で、一番根底にあるのはどのような想いですか?

河合 映像作品に限らず、人が表現したものを見た時の感動した経験が強烈に残っていて。その感動を伝えられる一員でありたいという想いが強いです。作品の力、アートの力のすごさを、受け手として身をもって知っているからこそ“人の心を揺さぶるものは届けられる”と信じられるのかもしれないと思います。映画館の椅子に座り観始めただけで、舞台が始まる瞬間や終わる瞬間、すごく良いシーンの時など、「勉強しよう」、「分析しよう」という意識の外で、1人の観客として純粋に感動する瞬間が年に何度かあるんですよね。そして、そういうものが自分にとっての栄養にもなっているなと感じます。

MY ROOTS

表現することについては、お芝居やダンスなど色々なところでお話ししてきたのですが、その原点となるものについては考えたことがなかったかもしれません。物作りの原体験を突き詰めていくと、絵を描くことだと思います。物心ついた時から絵を描くことが好きで、ほっといたらずっと描いているような子だったんです。水彩や色鉛筆、大きくなってからはデッサンもしていました。中学生頃までは絵の道に進むのだろうなと思い、美大受験を考えたこともあったのですが、いつしか演技への興味が大きくなり、今はこうして役者の道を歩んでいます。今でも絵を描く時に培った感性は、自分の底の方に流れている気がします。

『あんのこと』
監督・脚本／入江 悠
出演／河合優実、佐藤二朗、稲垣吾郎、河井青葉、広岡由里子、早見あかり、他
6月7日より全国公開
※出演するドラマ『RoOT / ルート』〈テレ東〉他が放送中、6月28日には劇場アニメ『ルックバック』も公開。

(082-083、086、089page) ドレス(71,500yen) / フミカ_ウチダ(クリフ　tel.03-5844-6152)　下に着たビスチェ(37,400yen) / チカ キサダ(info@chikakisada.com)
パンツ(55,000yen) / ISSEY MIYAKE(ISSEY MIYAKE INC.　tel.03-5454-1705)　※すべて税込
(084、087、090、092page) ドレス(91,300yen)、パンツ(55,000yen) / 共に、ISSEY MIYAKE(ISSEY MIYAKE INC.)　※共に税込
(085、088、091page) ミニドレス(57,200yen)、パニエ(52,800yen) / 共に、フミカ_ウチダ(クリフ)　シューズ(140,800yen) / ピエール アルディ(ピエール アルディ 東京　tel.03-6712-6809)　※すべて税込

RIHITO ITAGAKI

PHOTOGRAPHS BY KIM YEONGJUN (FAMILY)

(094-095、097、104page) ジャケット(69,300yen)、パンツ(41,800yen)、シューズ(47,300yen) / 以上、NEPENTHES(tel.03-3400-7227)　ベスト(83,600yen) / CURRENTAGE(MELROSE Co.,Ltd.　tel.03-3464-3310)
パールネックレス(1,661,000yen) / TASAKI(TASAKI & Co., Ltd.　tel.0120-111-446)　※すべて税込

(096、102-103page) ジャケット(38,280yen) / VELVET (tel.03-6407-8770)　ベスト(74,800yen) / CURRENTAGE(MELROSE Co.,Ltd.)
デニム(7,150yen) / HARAJUKU CHICAGO(HARAJUKU CHICAGO TAKESHITA　tel.03-6721-0580)　上のリング(712,800yen)、下のリング(392,700yen) / 共に、TASAKI(TASAKI & Co., Ltd.)
ブーツ(82,000yen) / KIDS LOVE GAITE(FAITH Co.,Ltd.　tel.03-6304-2937)　※すべて税込

(098-099page) ジャケット(60,500yen)、ベスト(35,200yen)、パンツ(30,800yen) / 以上、HOMME PLISSÉ ISSEY MIYAKE(ISSEY MIYAKE INC.　tel.03-5454-1705)
トップス(3,850yen) / HARAJUKU CHICAGO(HARAJUKU CHICAGO TAKESHITA)　スニーカー(33,000yen) / SALOMON(SALOMON CALL CENTER　tel.03-6631-0837)　※すべて税込

(100-101page) カーディガン(115,500yen) / A-POC ABLE ISSEY MIYAKE(ISSEY MIYAKE INC.)
シャツ(31,900yen)、巻きスカート(35,200yen)、パンツ(33,000yen)、シューズ(36,300yen) / 以上、LAD MUSICIAN(LAD MUSICIAN SHIBUYA　tel.03-6416-1813)　※すべて税込

RIHITO ITAGAKI

板垣李光人

撮影 / KIM YEONGJUN(FAMILY)
スタイリング / 丸山 晃
ヘア&メイクアップ / KATO(TRON management)
クリエイティヴ・ディレクション&対話 / 松坂 愛
文 / 久保 泉
撮影協力 / AWABEES

生きていく中で自分にはこれしかない、と思うものを持っている人たちが少なからずいる。例えば、音楽やファッションを挙げる人もいれば、恋という人もいるだろう。そういった愛してやまない場所や物事はあるだろうか。もしくは胸を張って人生を捧げていると言えるものはあるだろうか。

美術というただ1つの世界へ身を投じ、美大受験へ挑む姿を描いた映画『ブルーピリオド』。板垣李光人が演じた高橋世田介には、美術の才能があった。そしてそれを本人も理解している。これしかないものを持っている世田介が出会うことになるのが、成績優秀で人望も厚く何でも持っているように見える主人公の矢口八虎(眞栄田郷敦)。「天才と見分けがつかなくなるまでやるしかない」という努力と戦略型の八虎の存在は、“天才”と称される世田介の心をも揺さぶることに。そして互いにとって最大のライヴァルになっていく——。

本物語で登場人物たちが絵を模索すると同時に見つめることになるのが、“自分自身”というもの。自分だけの色を見つけることもそうだが、可能性を広げるためにも、時には何色にも染まることができる柔軟さを保つことも同じくらい大切である。板垣というと、その両方を持っていると断言できる稀有な人だろう。実際、今回ここに収めた色鮮やかな写真群からも、彼が持つ強い芯としなやかさの両方が立ち現れているのがよく分かる。そんな板垣に作品のことはもちろん、表現の豊かさの源泉を教えてもらった。

自分の中にある“好き”が自分自身を生かしてくれる

バァフ 原作は元々知っていましたか?

板垣 知っていました。初めて読んだ時、原作者の山口つばさ先生が実際に体験されていたからこその臨場感が伝わってきたことを覚えています。あと、絵を嗜んでいる身としては、生みの苦しみにものすごく共感しました。だから『ブルーピリオド』が実写化するにあたって、作品に携われることが嬉しかったです。

バァフ 本作の中で天才と呼ばれる世田介ですが、どのような印象でしたか?

板垣 世田介というキャラクターに対する作中の周りの受け取り方もそうですけど……ちょっと嫌な奴というか。八虎に対してもストレートに物事を言うところがあったりして。でも僕はそこを含めて、可愛いなと思っていました。

バァフ 自分が天才と分かりながらも、八虎に嫉妬心を抱きます。その姿を演じてみて、湧いてきた感情はありますか?

板垣 世田介は、絵しかないと思って向き合っている人物で。そこに少しチャラついた男が目の前に現れたと思いきや、絵に対して真剣なのか分からない中、明らかにどんどん成長していく姿があって。世田介はデッサンなんかも周りとは頭1つ抜けている技術を持っているけれど——その八虎の存在によって焦燥感が自分の中で湧き出てくるところがあったんだろうな、とは演じる中でも感じていました。

バァフ 「何でも持っている人がこっちにくんなよ」という台詞もありますよね。八虎との関係性はどう映りましたか?

板垣 原作と映画だと少し違っていて。映画では描かれていないところがあるので、原作そのままの世田介を引っ張ってくるのではなく、そこを加味していく必要がありました。例えば、原作だとなんだかんだライヴァル視や嫉妬を抱きつつも、ちょっと心を許す瞬間があるんです。ですが映画では嫉妬心なんかの禍々しい感情の方に前半は重きを置いていたので、世田介と八虎の距離感としては原作と映画だとだいぶ差があって。より生々しく、リアリティのある関係性になっているんじゃないかなと思います。

バァフ 世田介を演じる上では、何が一番のヒントになりましたか?

板垣 八虎にとってどう映るか?というのが手掛りでもあって。だから、予備校のシーンでは、八虎に対しての嫉妬心を誇張し、とにかく嫌な奴に映ろうと思っていたところがありました。

バァフ 後半の試験場でのシーンでは、世田介の愛らしい一面も見られますよね。

板垣 そうですね。そのシーンでは、世田介ってこういうところもあるんだ、というのが見られるかなと。苺大福を食べているところは、僕が世田介を演じた中で一番大事だと思っていて。いかにお餅を伸ばすかに賭けていました(笑)。それは原作の持っている世田介の可愛らしい部分でもあるというか。あれだけ嫌な奴に映っていたけれど、でも少し憎めないところもある、というコントラストになったらなと。

バァフ 板垣さん自身は、妬みや嫉妬する感情はあまりないタイプでしょうか?

板垣 うーん……たまに隣の芝が青く見えることがありますけど、基本的にはあまりないかも。同世代の俳優さんやそれこそ(ユカちゃんこと、鮎川龍二役の高橋)文哉に対してもそうですけど、特段ライヴァル意識のようなものはなくて。それが良いのか悪いのかは分からないですけどね。でも自分には自分にしかできないことがあるし、彼らには彼らにしかできないことがある、という考えなので、嫉妬心はなくて。

バァフ 共演作が続いている高橋さんも、近しい考えを最近のご取材でおっしゃっていたなと。良い関係性ですね。物語では空っぽだった八虎の学生生活は、絵に出会いどんどん変わっていきますが――板垣さんは何かに出会ったことで変わったと思う出来事はありますか？

板垣 芝居を始めたことは、八虎が絵に出会ったことと同じようなものかなと思います。その中でも僕は、ずっと空っぽであり続けたい、と思っていて。表現者は特に、喉が渇いて水を飲んで、また渇くという状態であるべきだなと感じているんです。もちろん作品ごとで劇的な出会い、というのはありつつ。例えば、『約束のネバーランド』で出会った平川（雄一朗）監督と、この間ドラマでまたご一緒したんですね。そういう嬉しい再会があったりすると、潤っていきますけど、でもまた次を求めないといけないし、それが正しい姿かなと思っています。

バァフ 眞栄田さんとのシーンが多いと思いますが、どのような印象でしたか？

板垣 すごくクリエイティヴでストイックな方で。それこそ美大の2次試験のシーン――八虎が最後の仕上げをするところは、世田介はあまり映らなかったので、（萩原健太郎）監督の横に座ってモニターを見ていたんですけど。殺気と熱気、狂気のようなものがまなざし1つからすべて伝わってくるというか。その説得力を現場で見させてもらい、素敵だなと感じていました。

バァフ 登場人物たちのそれぞれの想いが濃く表れている作品でもありますが、自分自身に近しい心情を抱いている人はいましたか？

板垣 「俺の〝好き〟だけが俺を守ってくれる」と言う龍二の台詞があって。この仕事も表現することも好きなので、自分の中にある〝好き〟が自分自身を生かしてくれるというのは僕も感じていることで。〝好き〟という気持ちの強さが自分の武器にもなっているなと思います。

バァフ 八虎が通う高校の美術講師の佐伯昌子先生が「好きなことに人生で一番大きなウェイトを置く。それって普通のことじゃないでしょうか」と言いますが、まさにそう思いますか？

板垣 結果的にみると、そうかもしれない。最終的にそうなっていれば一番良いよね、と思っているところがあります。

バァフ 板垣さんが絵に興味を持ったのはいつ頃ですか？

板垣 いつくらいだろう……でも本当に小さな頃から描いていました。物心がついた頃から気付けば好きなものとしてあったというか。

バァフ 好きな画家というと？

板垣 中学生くらいの時に出会ったんですけど、オフィーリアが好きです。家にも複製画が飾ってあって。絵画を観てきた中で、最初に「すごいな」と思った絵だったんですよ。あとはアニメなんですけど、『モノノ怪』も好きです。中学校に面白い先生がいて、同級生の誰よりも仲が良かったんです。その先生が『モノノ怪』のＤＶＤを全部貸してくれて。その色彩とアニメーションに衝撃を受けていた自分がいました。

バァフ そういうところから色彩感覚が養われていったのですね。

板垣 そうだと思います。僕は写真でも文字でも、説明的なものより、こちらが考えられる余白があるものが好みで。それは映画やドラマといった映像作品にも通ずるなと思います。

バァフ 中学時代のお話がありましたが、高校生活はどのような日々でしたか？

板垣 同級生を眩しく見ていましたね。学業より仕事の方にウェイトがあったので、あまり記憶になくて。当時より仕事の方が青春をしている感じがあります。今回の作品もそうで。1つの良い作品を創るために日々闘っていく、というのはまさしく青春だなと。

バァフ 絵の感覚を言語化している作品でもあると思いますが、今、どういう想いで板垣さんは絵を描いていますか？

板垣 孤独ですかね。描く作業中の状態もそうですけど、その衝動があるというか。絵が湧いてくる源泉を辿っても孤独があるように感じます。

バァフ 描きたい、と思う瞬間は似ているものですか？

板垣 まちまちで。カラーパレットが思い浮かんできたり、「あっ！」と閃いて下書きができたり。

バァフ 今回、お芝居で絵を描くというのは、どういった感触がありましたか？

板垣 それはもう世田介として描くという感覚です。筆の持ち方にしても、世田介らしくしていますし。原作でも不思議な持ち方をしていて、それをどうするか？というのは美術監修をしてくださった川田（龍）先生と相談しました。原作の世田介の持ち方に限りなく近い形を考えたりして。その持ち方で絵と向き合うと、自然と姿勢も変わっていくんです。世田介って描く時、キャンバスと顔がすごく近かったりするんですけど、それは自分とは違うことで。だから、普段描く時とは離れた感覚でもありましたね。

バァフ 本作の公開を控えつつ、（取材時点）4月からは『news zero』にもパートナーとして出演されます。２０２２年12月の金曜パートナーを務めて以来で。

板垣 そうですね。朝の情報番組の経験はありましたけど、『news zero』は報道番組なので また1つ違うものがあるというか。現場のどこか張り詰めた空気というのもその1つですし、より一層自身の責任というものも生まれるところがあって。前回は、程良い緊張感を持ちながら1ヶ月担当させていただき、色々な面で勉強になったなと。そこから2年空いて、今回は3ヶ月という長い期間で携われることになって。またお声掛けいただけたことも光栄ですし、それと同時に期待に応えていかないとと思っています。

バァフ 普段から情報を取り入れるようにしていますか？

板垣 そうですね。ＳＮＳやネット、テレビなどから。玉石混交の中からちゃんと選ぶことも気を付けつつ、取り入れるようにしています。

バァフ お忙しい中ですが、映画や音楽、絵など、最近はどのようなものに刺激を受けていますか？

板垣 やっと作品が落ち着いたので、映画館に通い詰めていて。『ソウルメイト』や『カラーパープル』、『哀れなるものたち』を観ました。最近は、時間があれば、ほぼほぼ映画館に行き、吸収するという日々を送っているところです。

MY ROOTS

表現することも芝居をすることに対しても、自分の中にあるものや考えを1回破壊しないと面白いものにはならないと思っています。だから毎度原点に立ち返るというか、無垢に戻していくことが大切で。ある意味、僕にとっては、意識して破壊するという作業が物作りの原点でもあるのかなと。最近はそういう野生的な感覚を大事にしながらも、ちゃんとロジカルに組み立てていけるような術も、まだまだながら会得し始めているようにも感じています。

映画『ブルーピリオド』
監督／萩原健太郎
原作／『ブルーピリオド』山口つばさ〈講談社〉『月刊アフタヌーン』連載
出演／眞栄田郷敦、高橋文哉、板垣李光人、桜田ひより、他
8月9日より全国公開

PRESENT

❶ JO1　サイン入りチェキ(2名様)
(大平祥生&佐藤景瑚&與那城 奨、木全翔也&河野純喜&豆原一成、川尻 蓮&白岩瑠姫&鶴房汐恩、川西拓実&金城碧海、各1枚ずつの4枚セットを2名様にプレゼント)
❷ 三山凌輝　サイン入りチェキ(2名様)
❸ 出口夏希　サイン入りチェキ(1名様)
❹ 西垣 匠　サイン入りチェキ(2名様)
❺ 河合優実　サイン入りチェキ(1名様)
❻ 板垣李光人　サイン入りチェキ(1名様)

このページ右下の「プレゼント応募券」を貼り、①お名前　②年齢　③性別　④職業　⑤ご住所　⑥お電話番号　⑦この号を読んだご感想　⑧バァフに登場してほしい俳優、女優、ミュージシャン　⑨よく読まれる雑誌　⑩ご希望のプレゼント番号を、郵便はがきにご記入の上、以下の住所までご応募下さい。抽選でご希望のプレゼントをお送りします(発表は発送をもって代えさせていただきます)。締切／2024年8月29日消印有効

応募先　〒155-0032　東京都世田谷区代沢5-32-13-5F バァフアウト!スペシャル・エディションEARLY SUMMER 2024プレゼント係 宛

BROWN'S BOOKS & CAFE

音楽、演劇と街ごとカルチャーな下北沢。平日はバァフ編集部が
土日はブック・カフェ〈ブラウンズブックス&カフェ〉に。
バックナンバーも販売しています。

[営業時間]13:00〜19:00　[TEL]03-6805-2640　[facebook]brownsbooksandcafe
[Instagram]brownsbooksandcafe　[X(旧Twitter)]BrownsBooksCafe

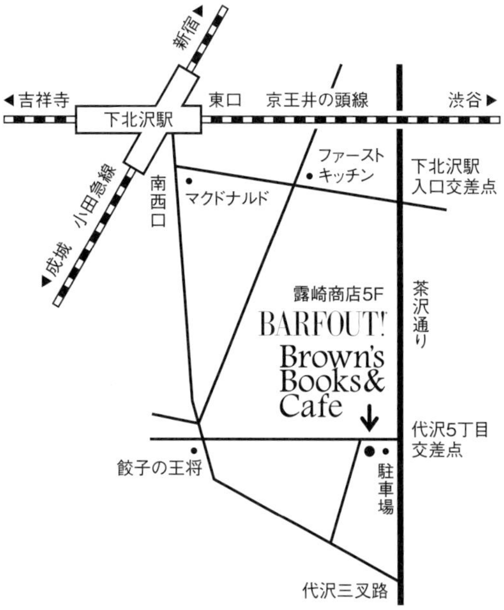

STEPPIN' OUT!

「挑戦し続ける大人たち」へ送るマガジン『ステッピンアウト!』。ウェブ・ヴァージョン。
[facebook]steppinoutmagazine　[Instagram]magazinesteppinout　[X(旧Twitter)]OutSteppin
[web]www.barfout.jp/steppinout

BARFOUT! WEB

ホームページがリニューアル。オリジナル・コンテンツを発信しています!
アンジェラ・アキ、iri、中村七之助、他のインタヴューを公開中。
[web]www.barfout.jp

SUBSCRIPTION

Fujisan.co.jp 雑誌のオンライン書店 にて定期購読に加え、
ひと月ごとに配送した冊数分のみをご請求し、
いつでも解約可能な月額払いをおこなっています。

送料無料でお届け!

【BARFOUT！次号予約】で検索
1年間定期購読料＝14,520yen(税込)
月額払い＝1,210yen(税込)

[WEB]fujisan.co.jp　[TEL]0120-223-223(フリーダイヤル　年中無休24時間受付)

MAIL MAGAZINE

メイルマガジンを配信中です。

以下アドレス、または
二次元コードからご登録
よろしくお願いいたします!

[登録フォーム]
onl.bz/ExKnCXJ

BACK NUMBER

お近くの書店、または通販サイト(Amazon、セブンネット、楽天ブックス、タワーレコードオンライン、HMV&BOOKS online、Fujisan.co.jp、他)にてご購入いただけます。
在庫の有無は HP(www.barfout.jp)にてご確認ください。また、お近くの書店で、定期購読をお申し込みになられると、毎号確実に届きます。

BARFOUT!
SPECIAL EDITION
EARLY SUMMER 2024
プレゼント
応募券